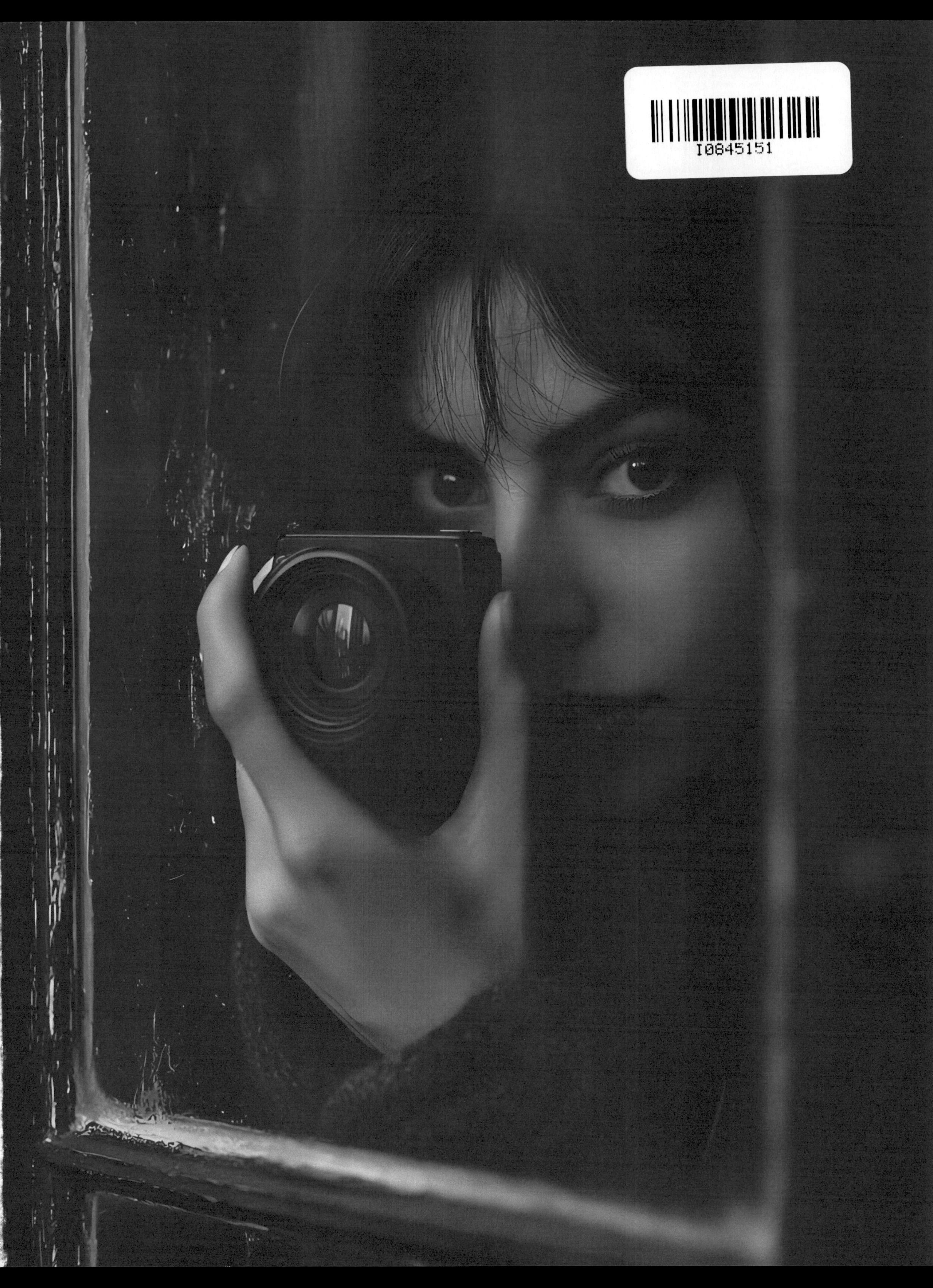
I0845151

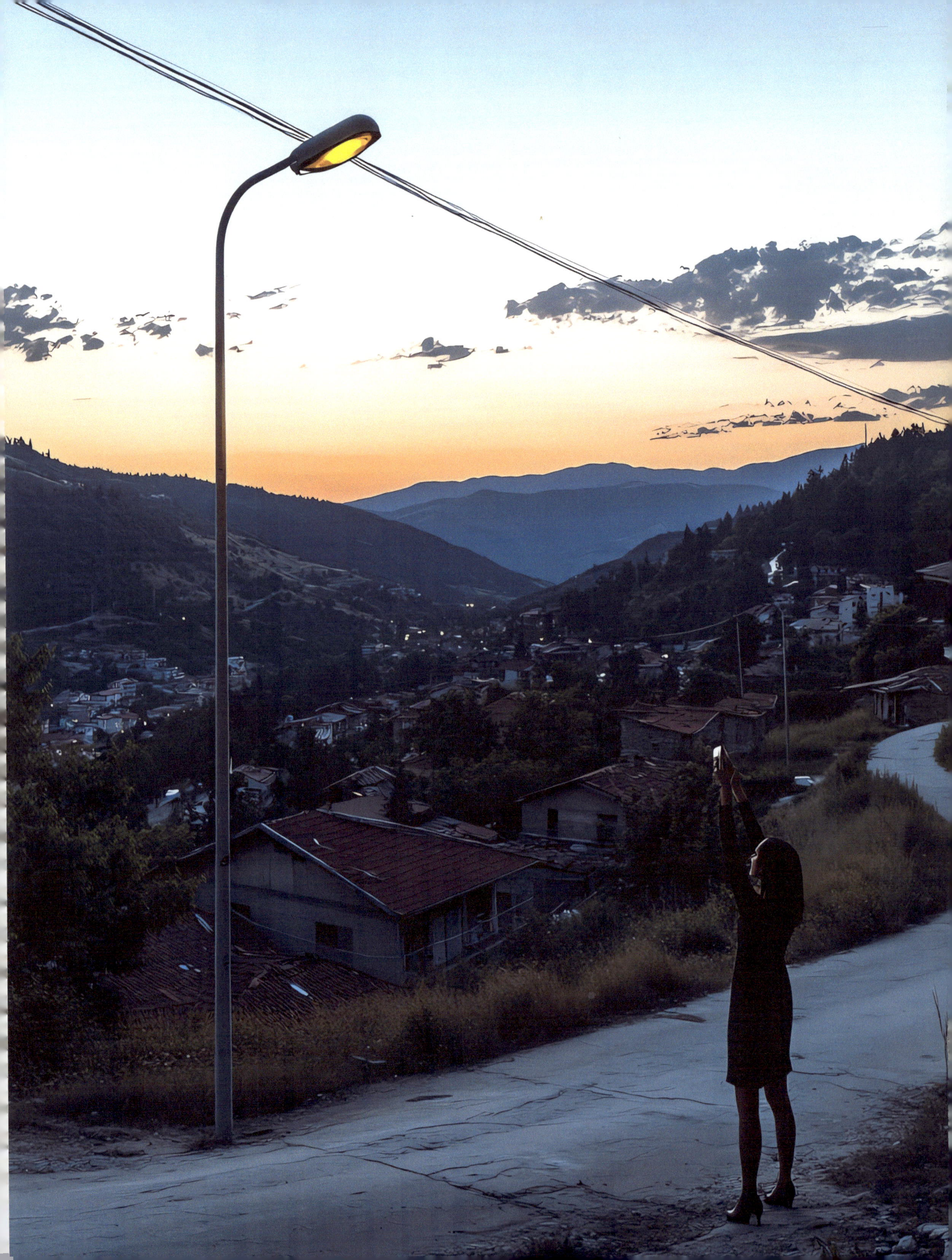

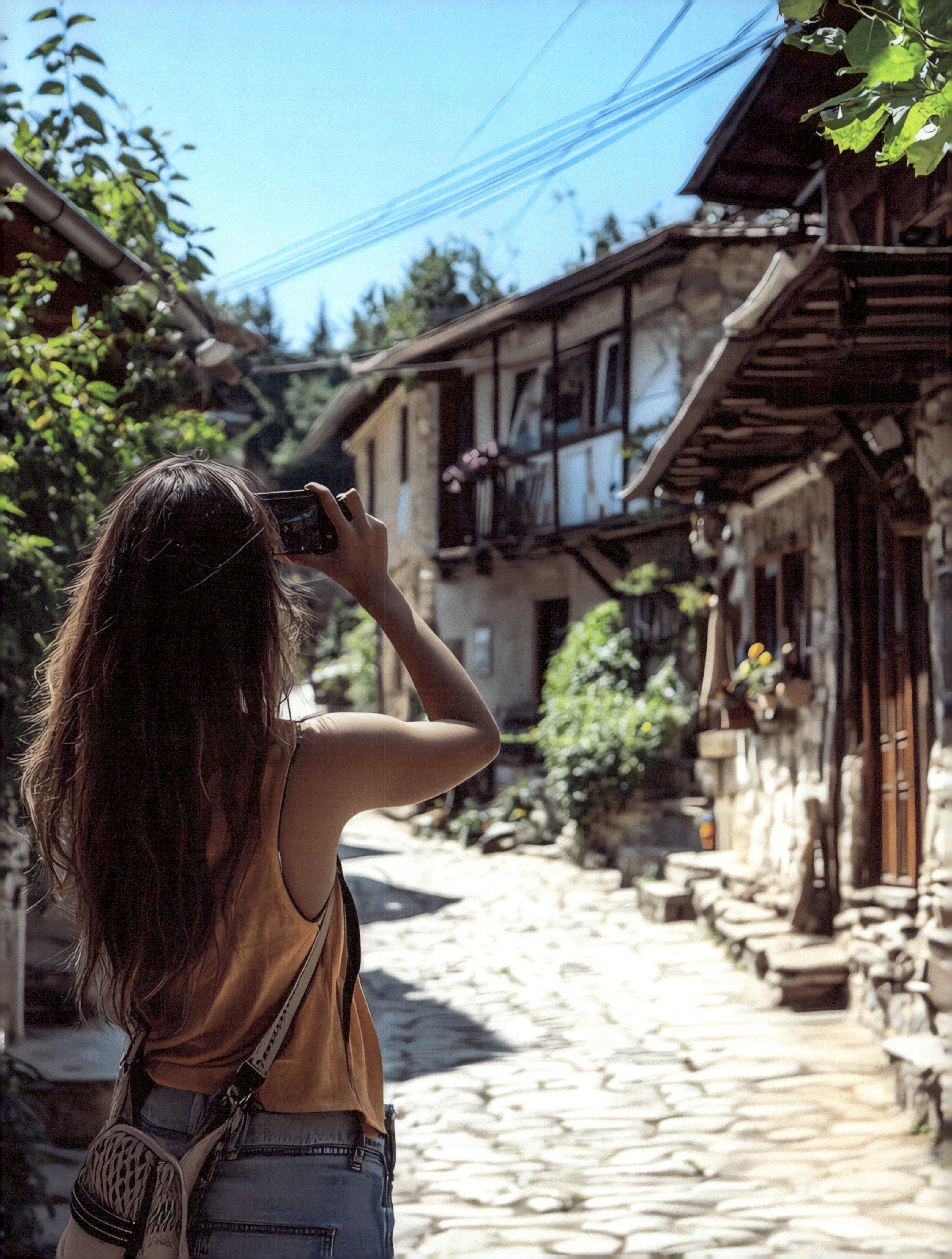

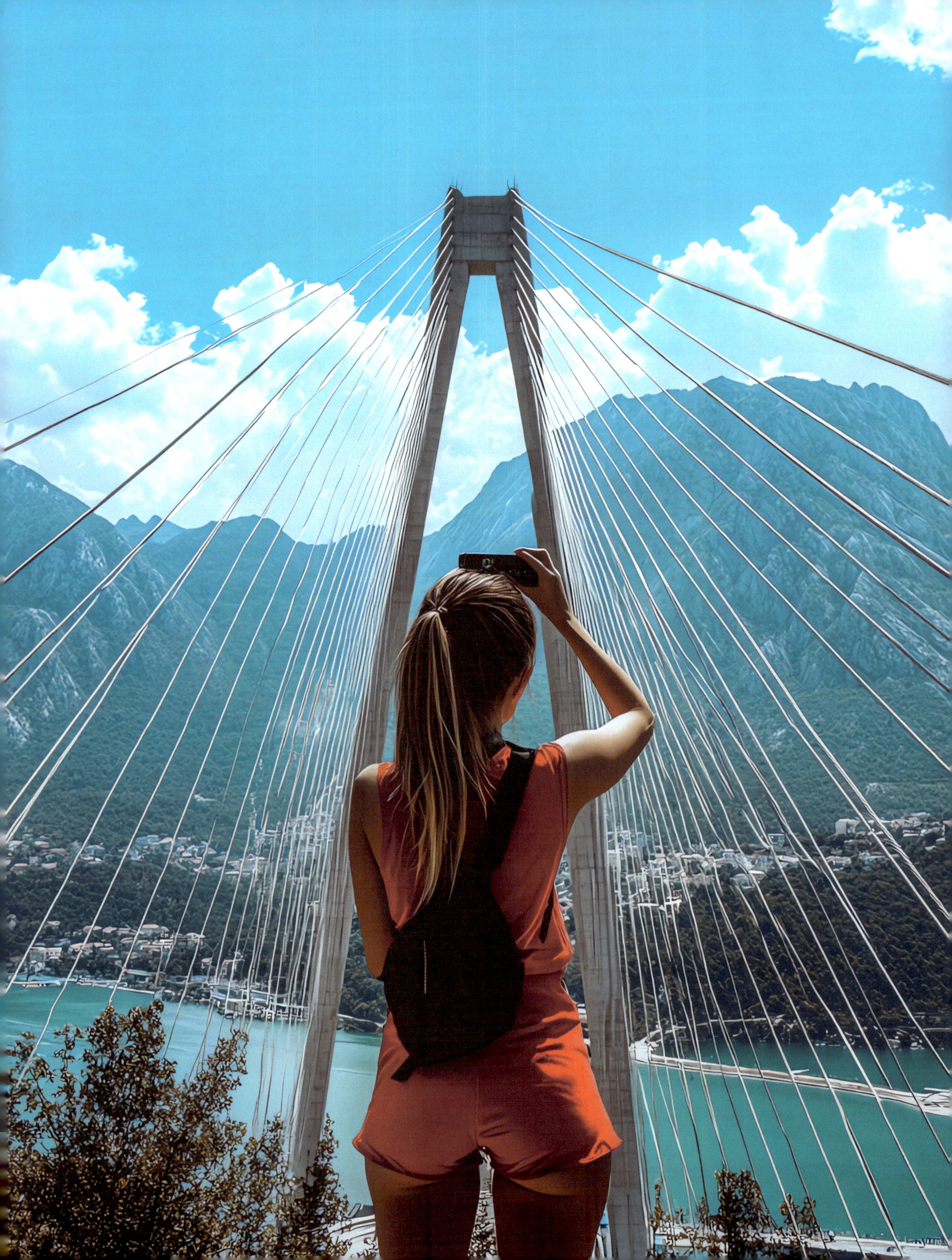

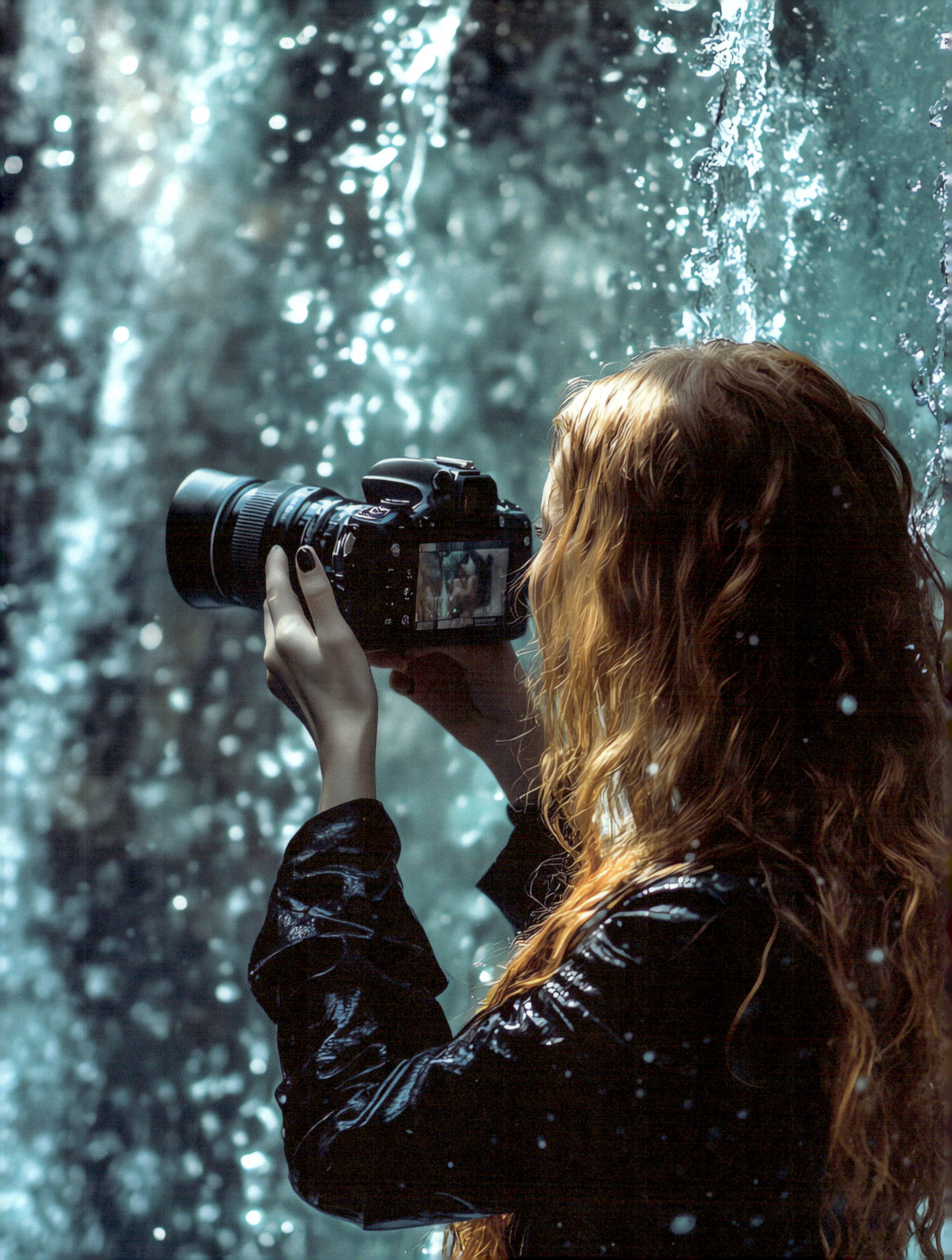

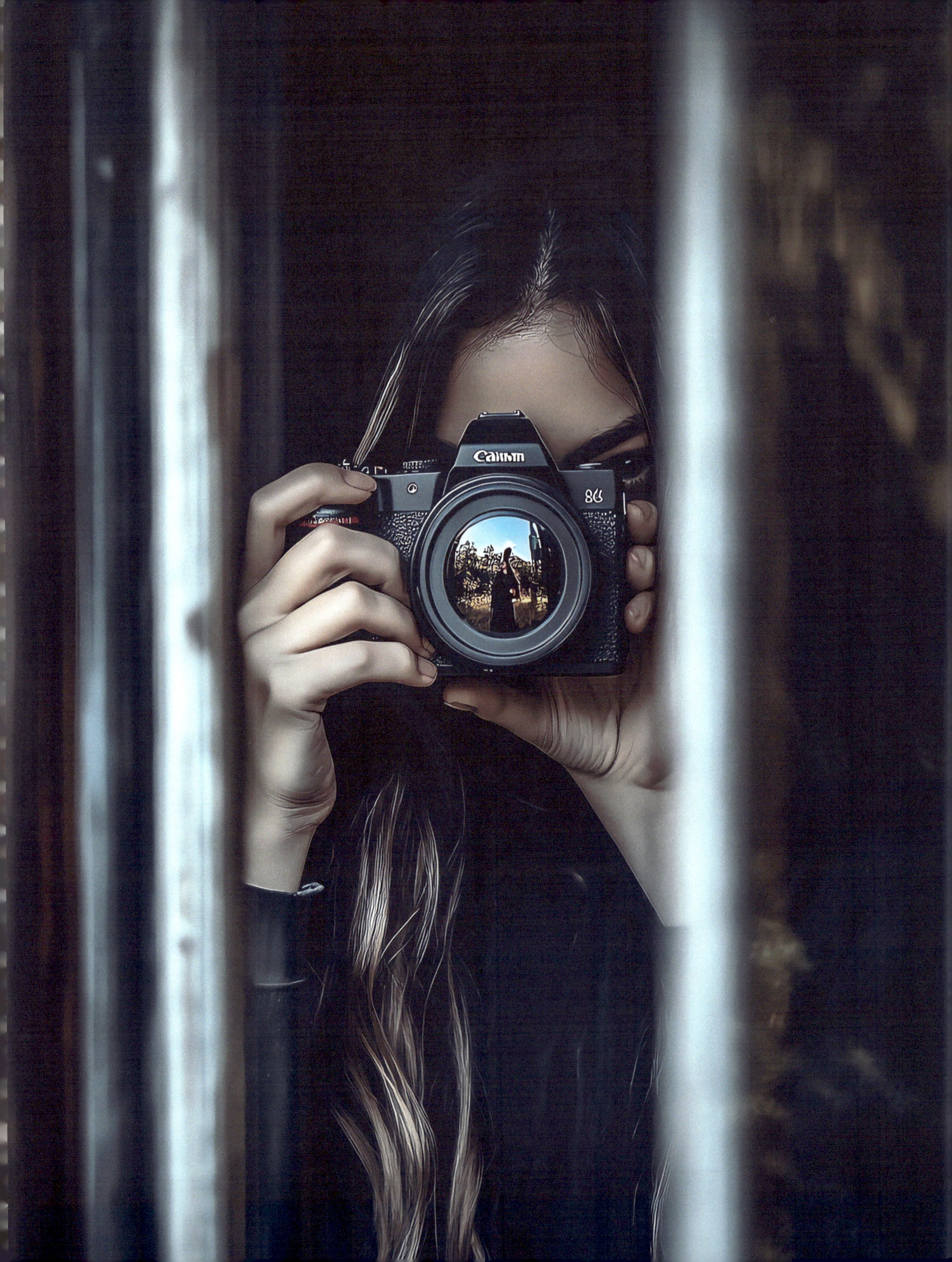

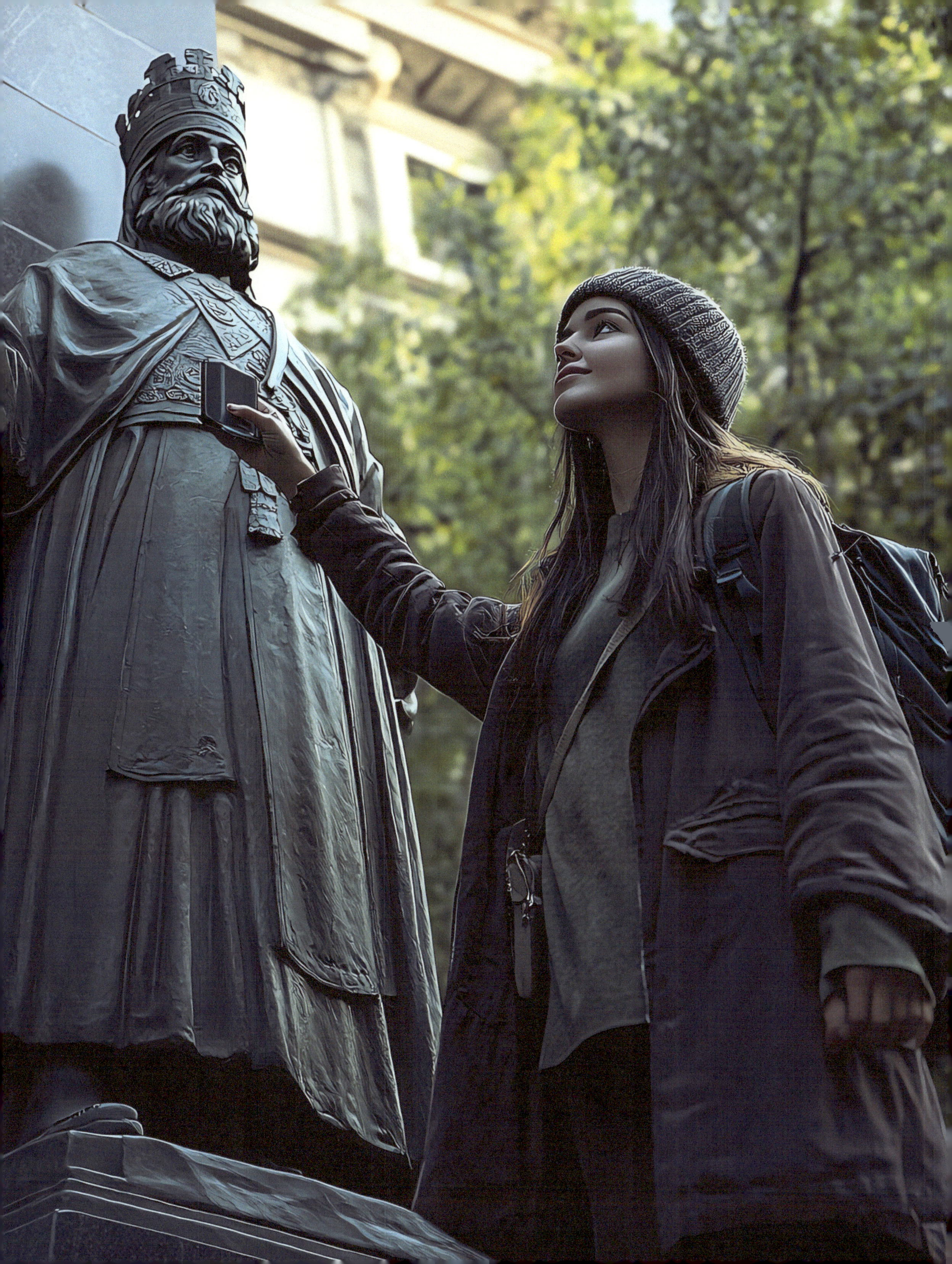

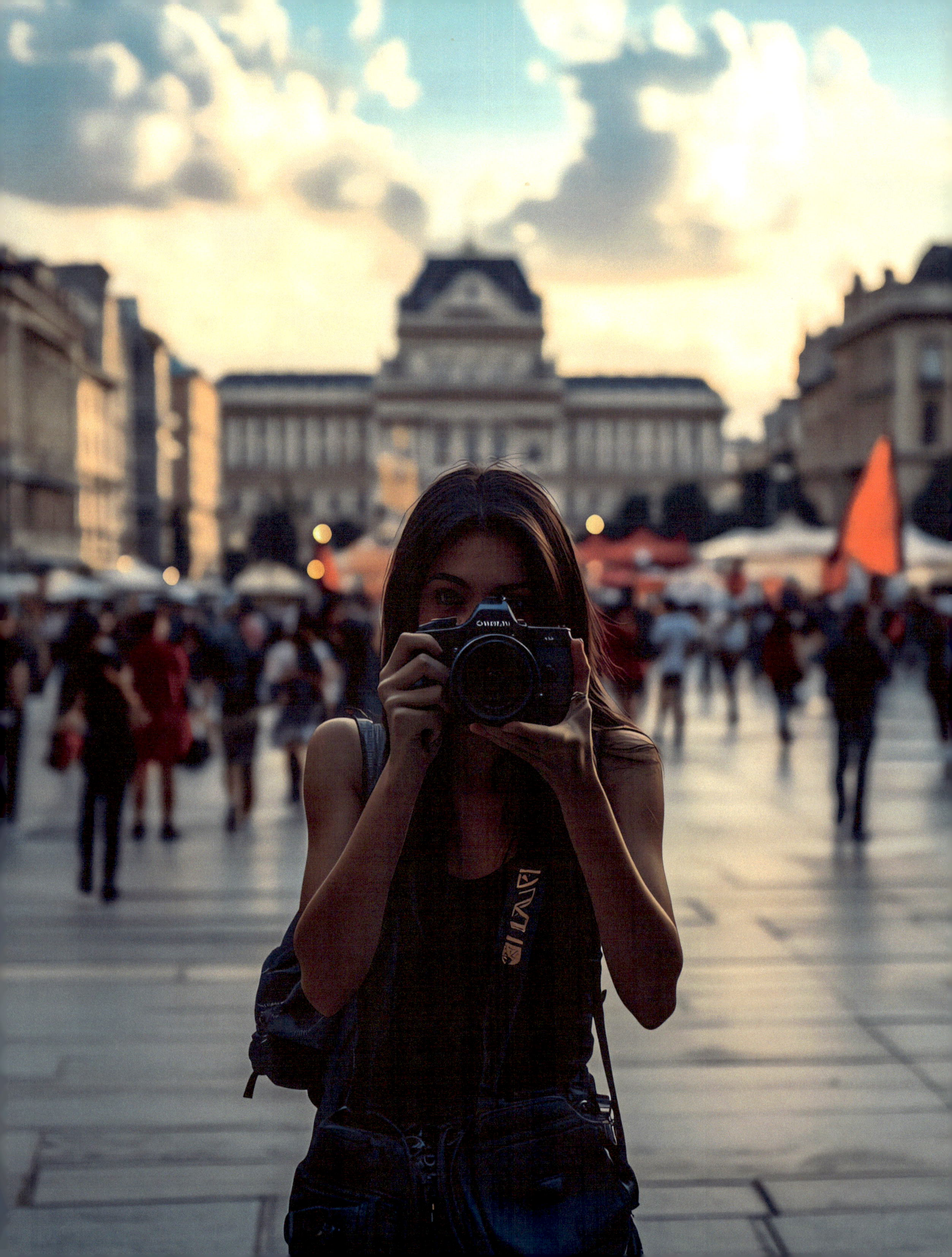

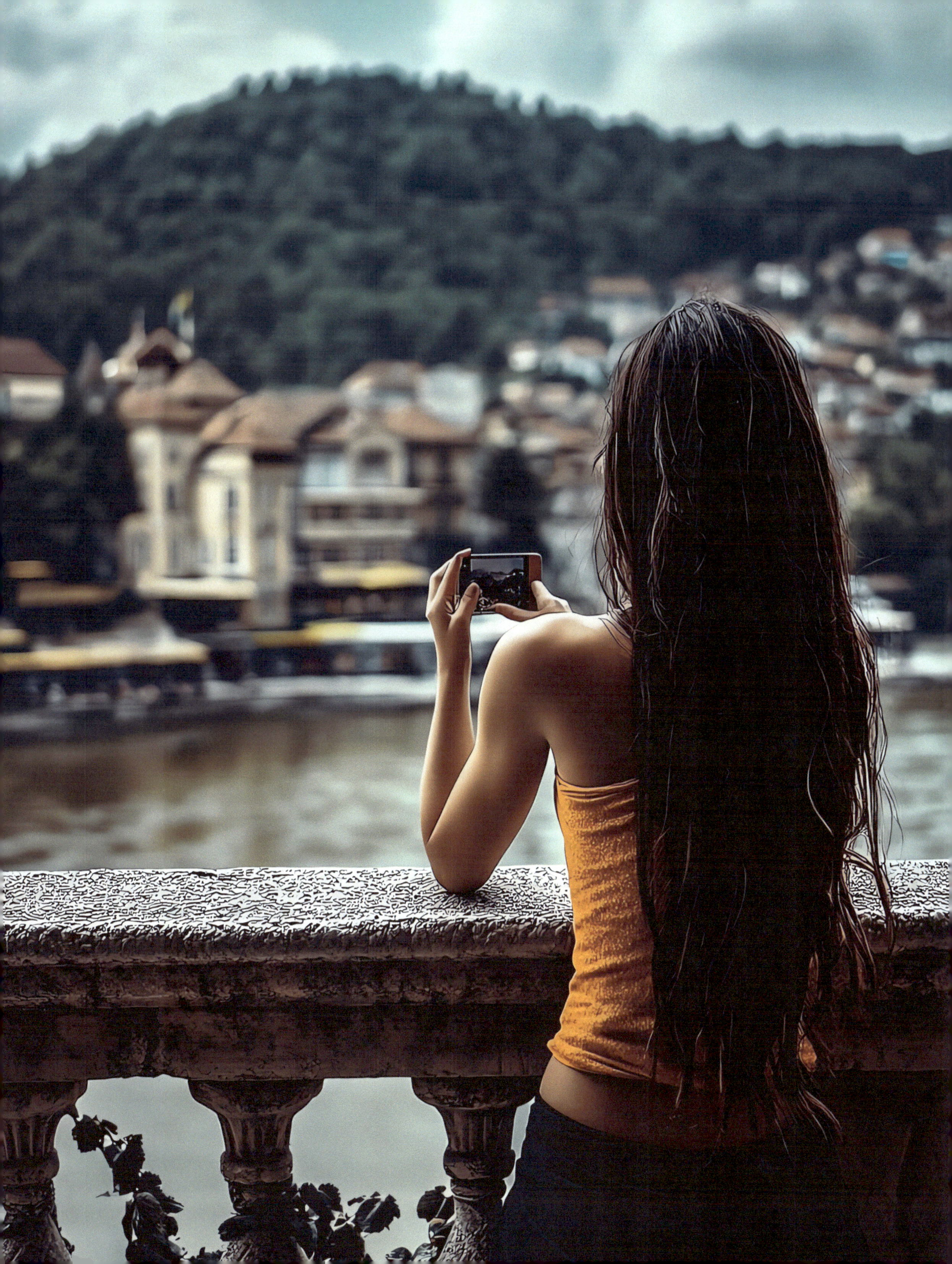

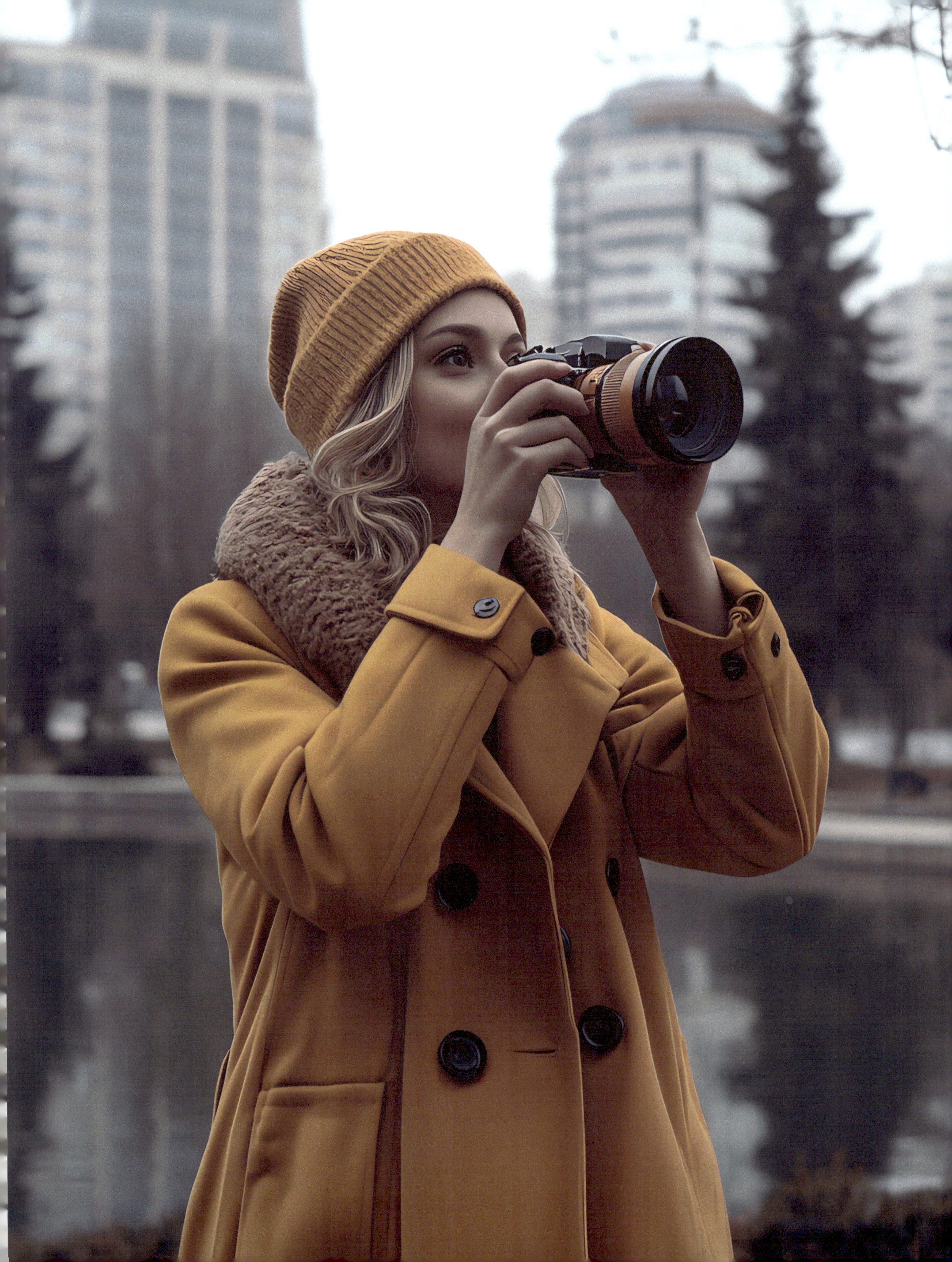

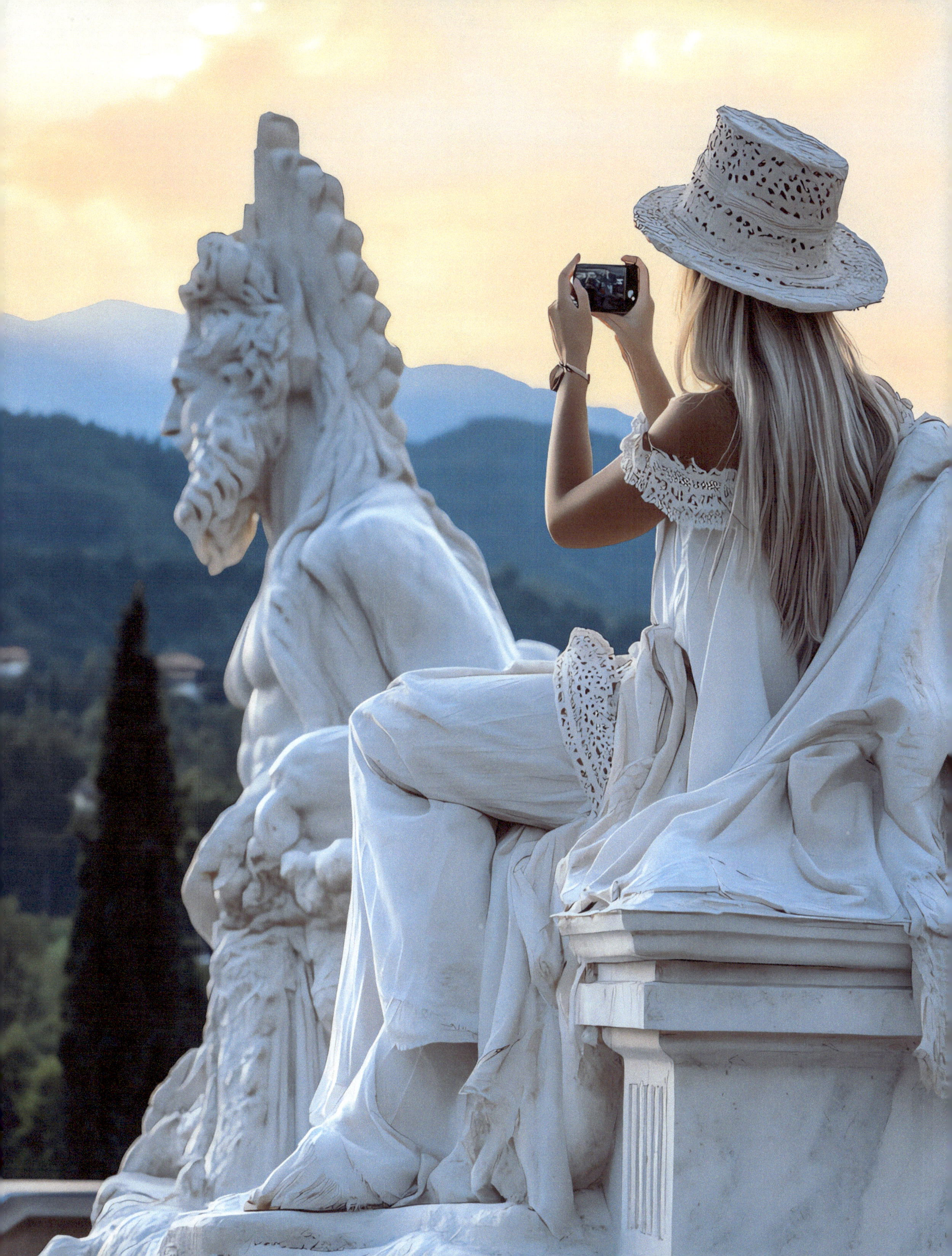

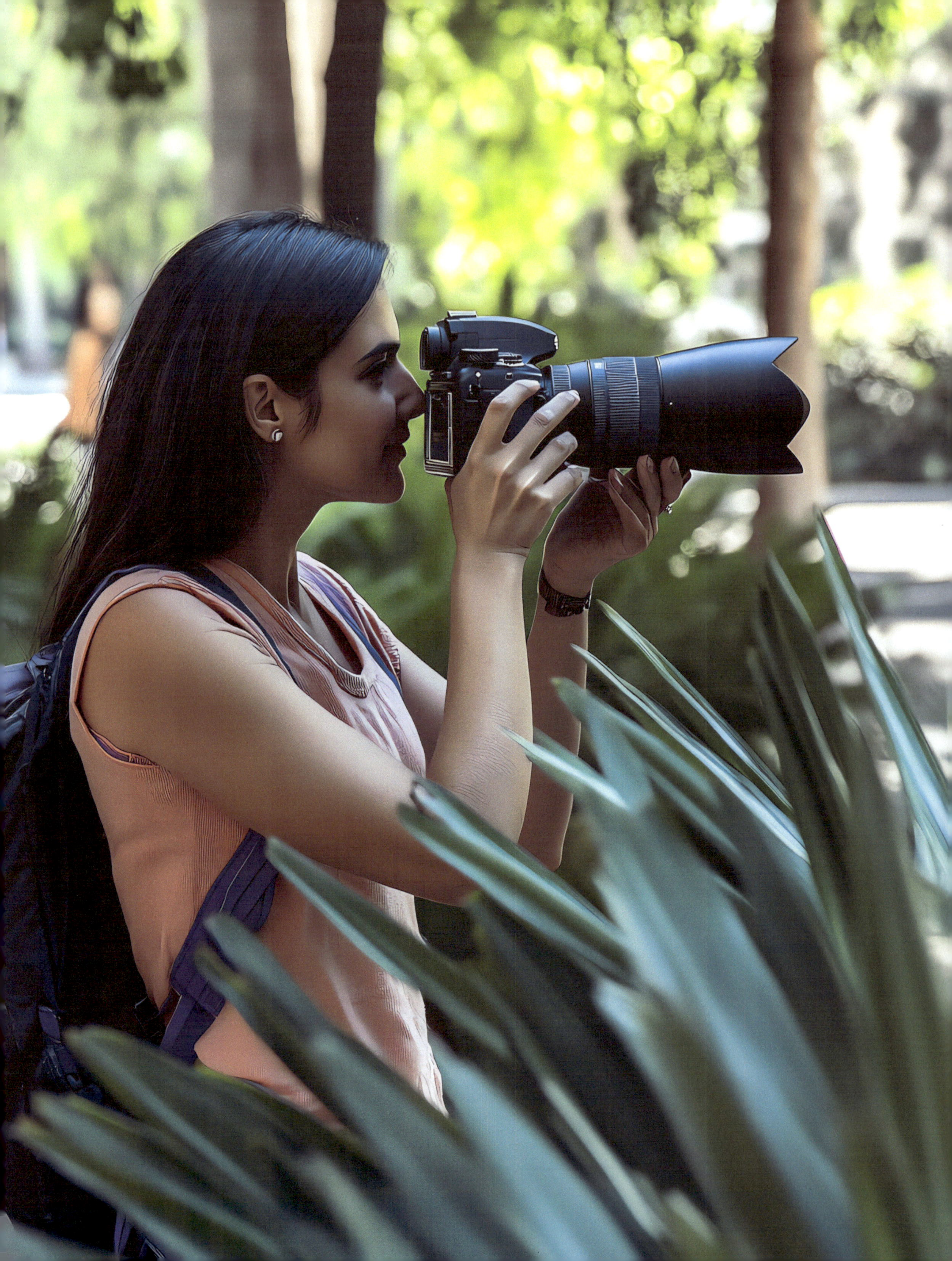

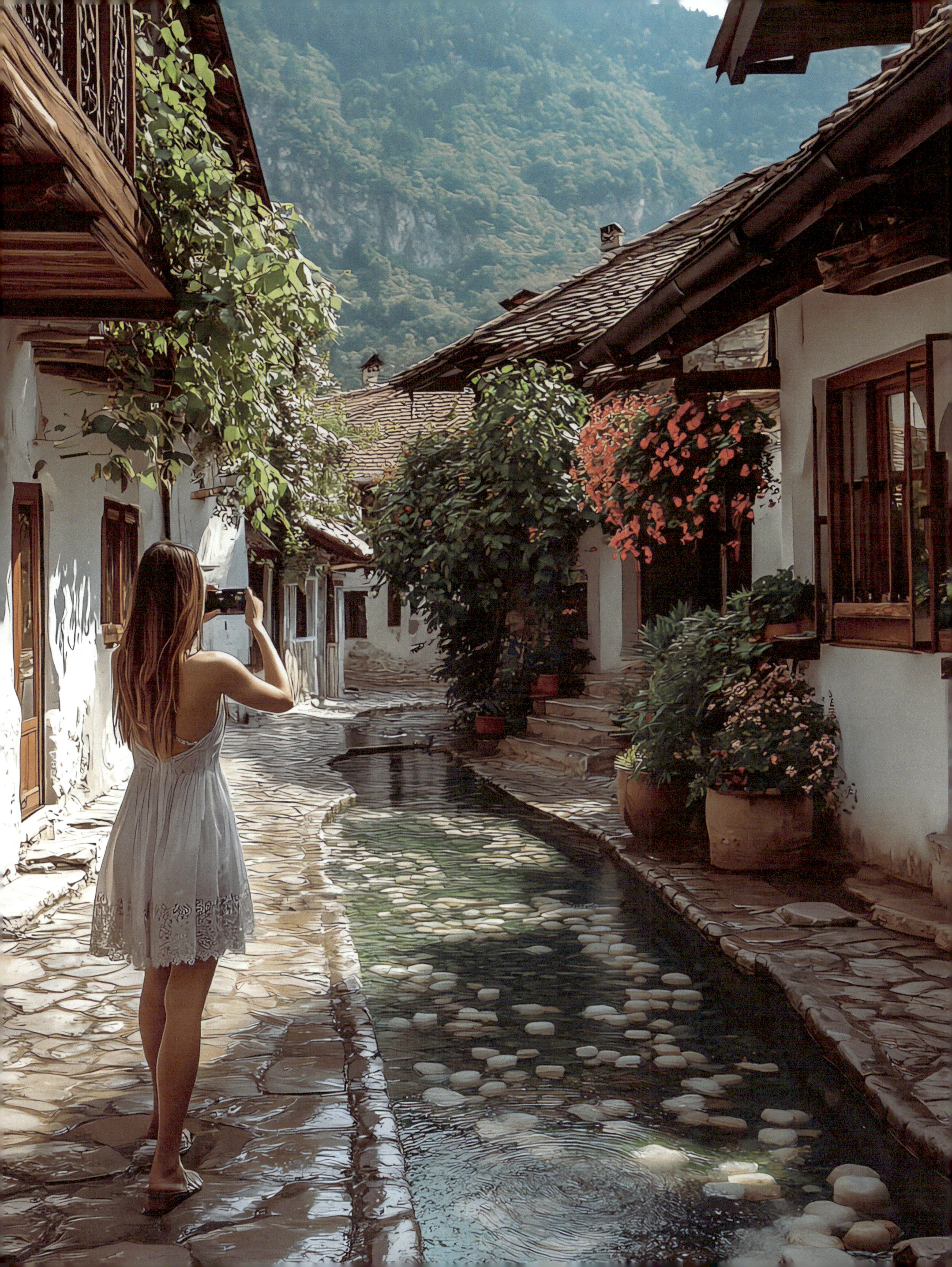

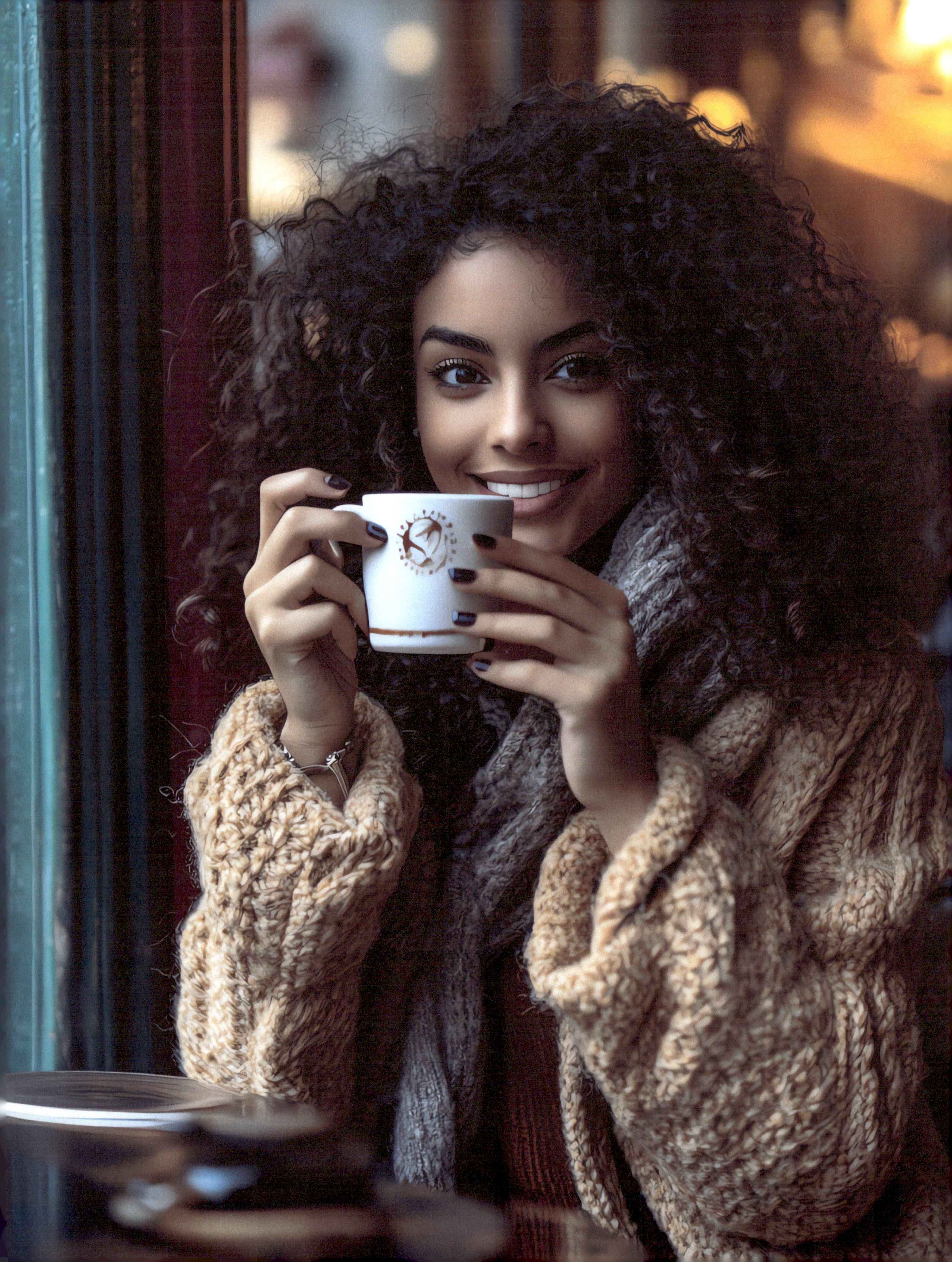

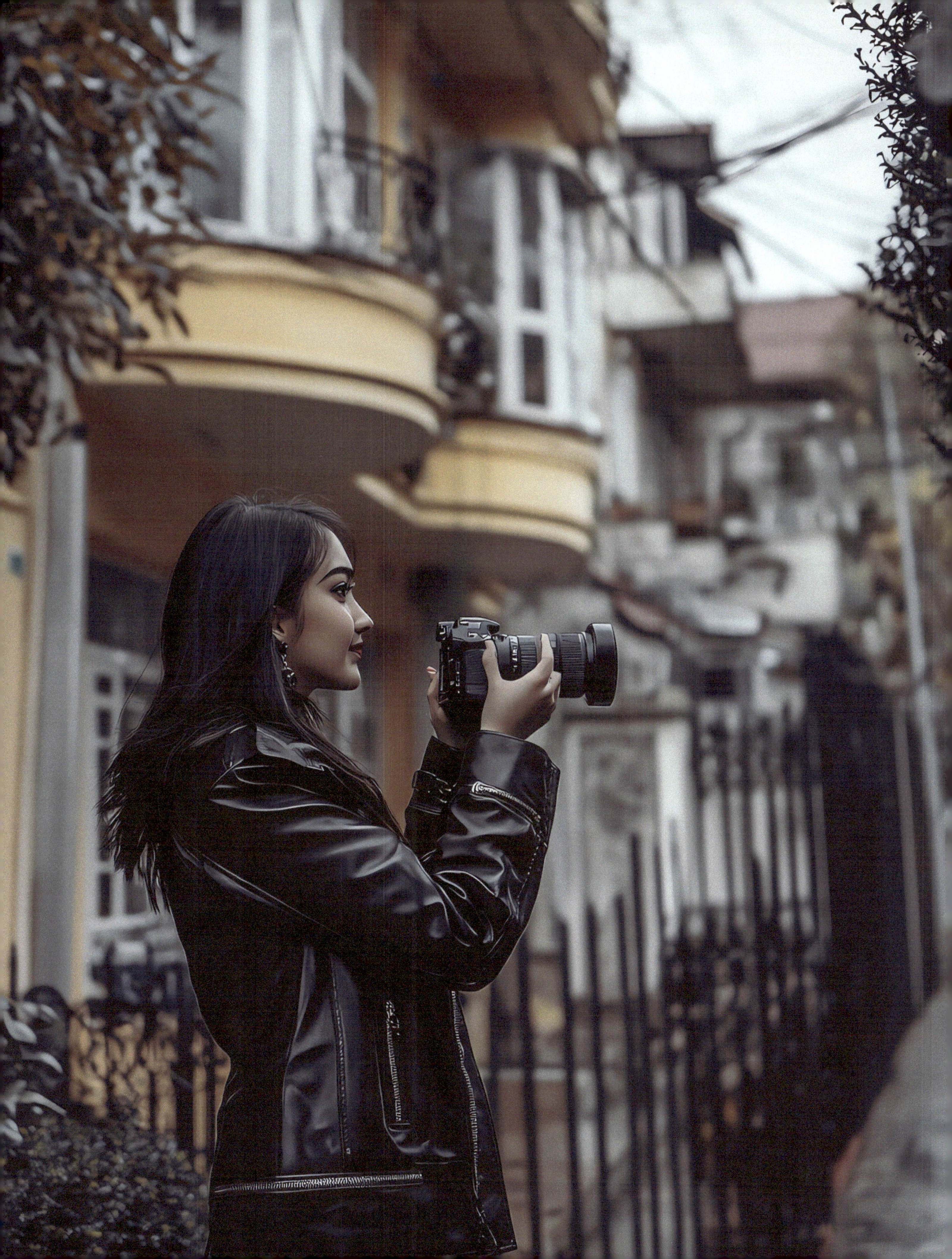

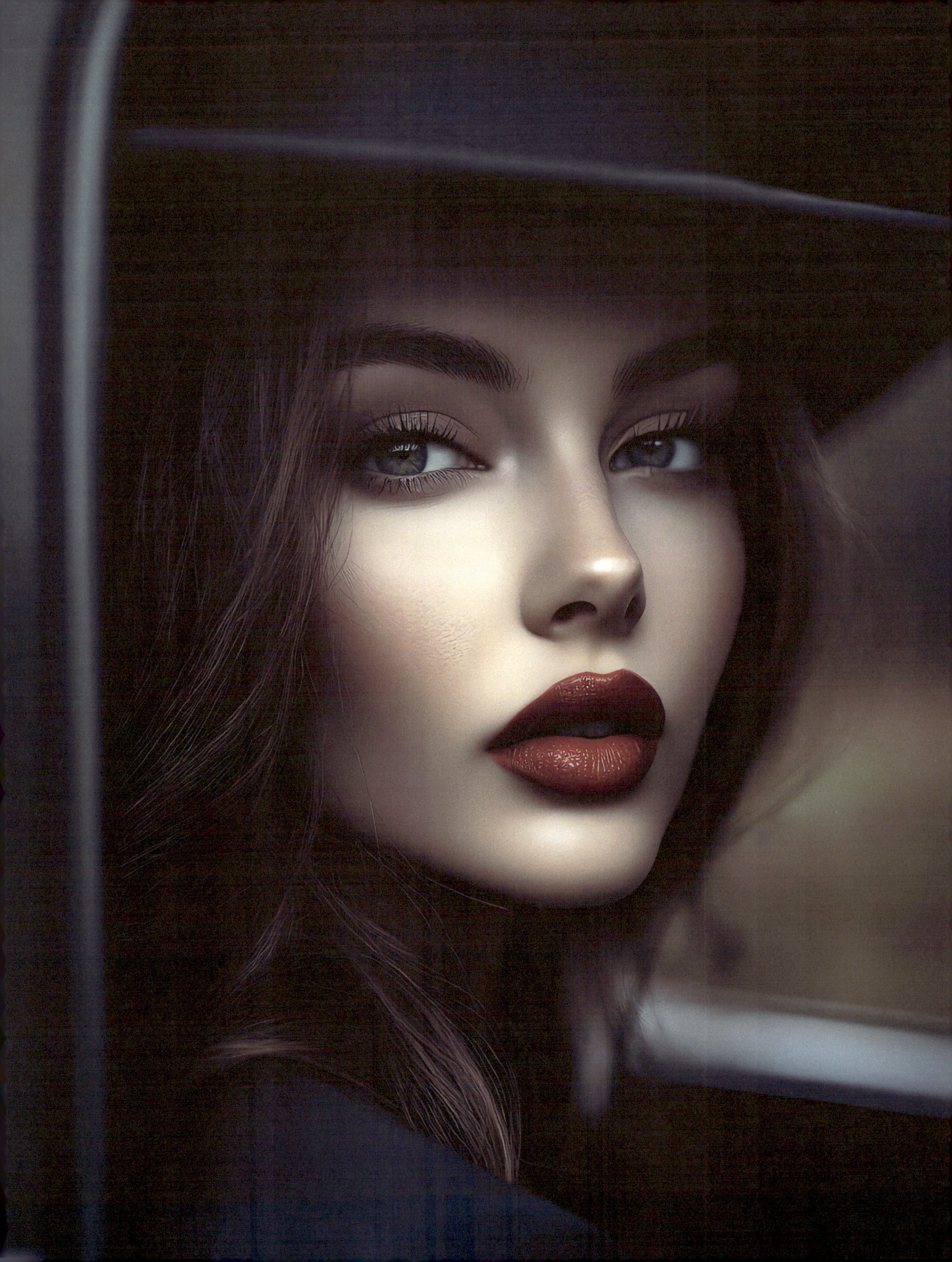

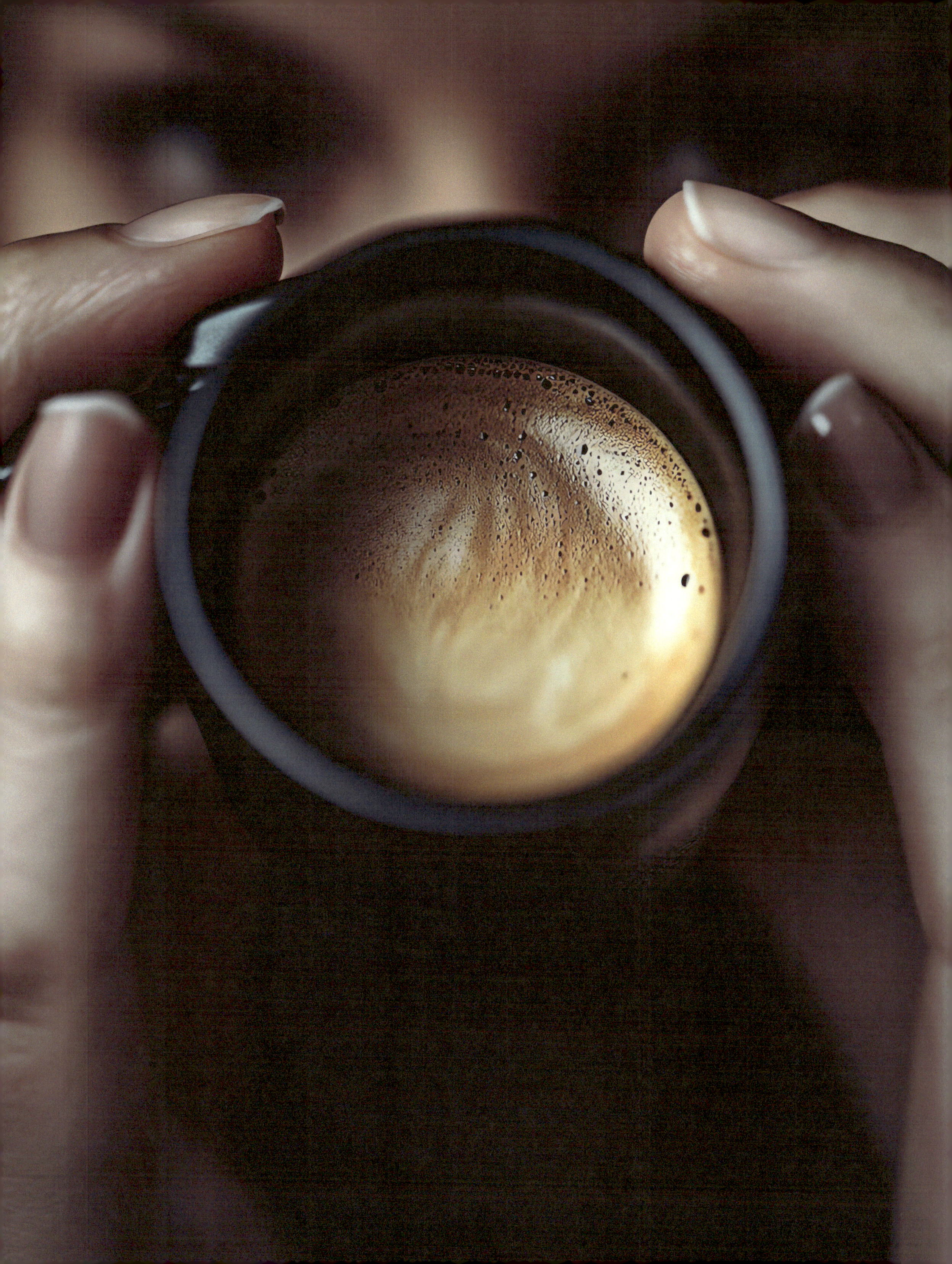

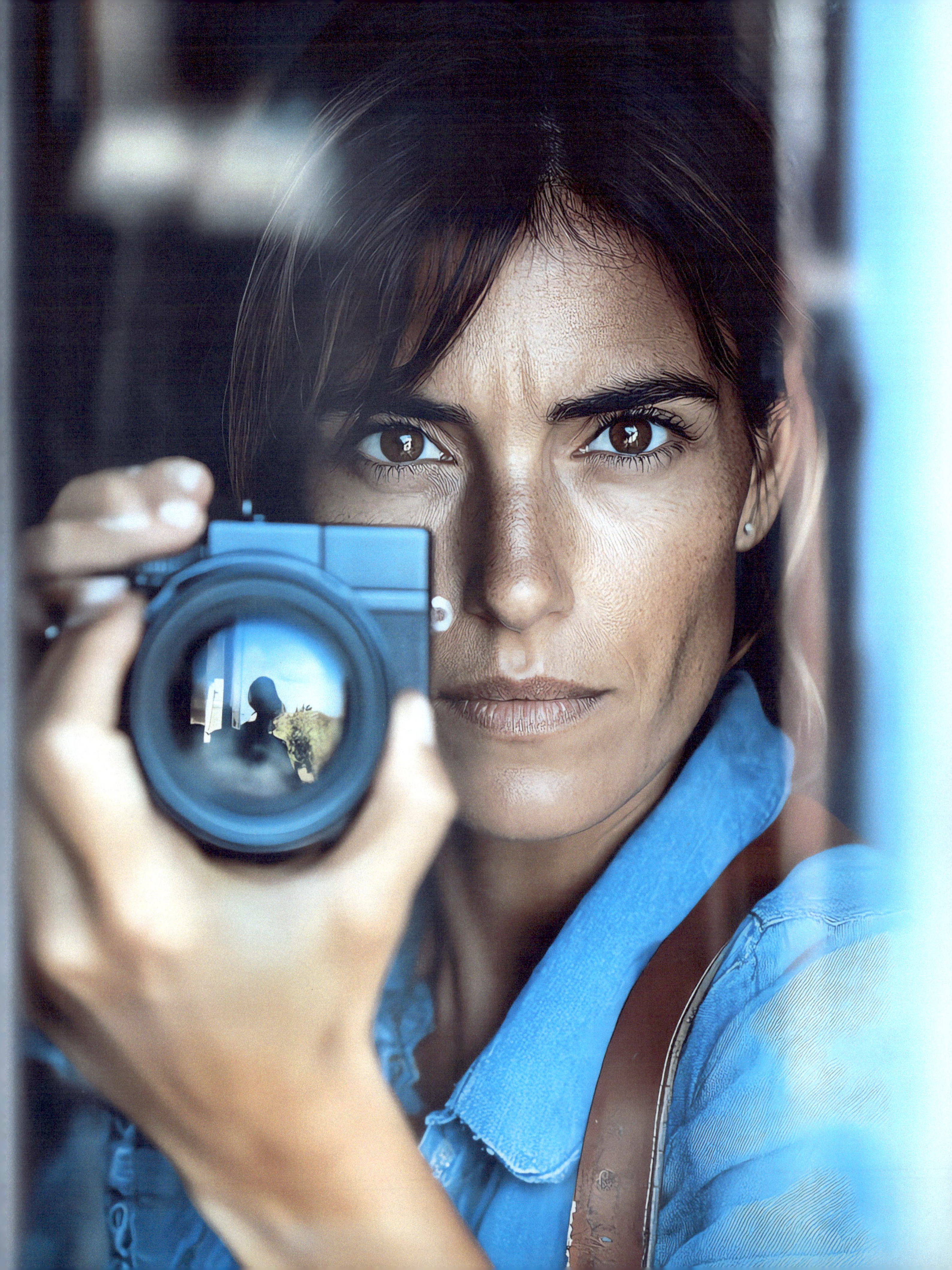

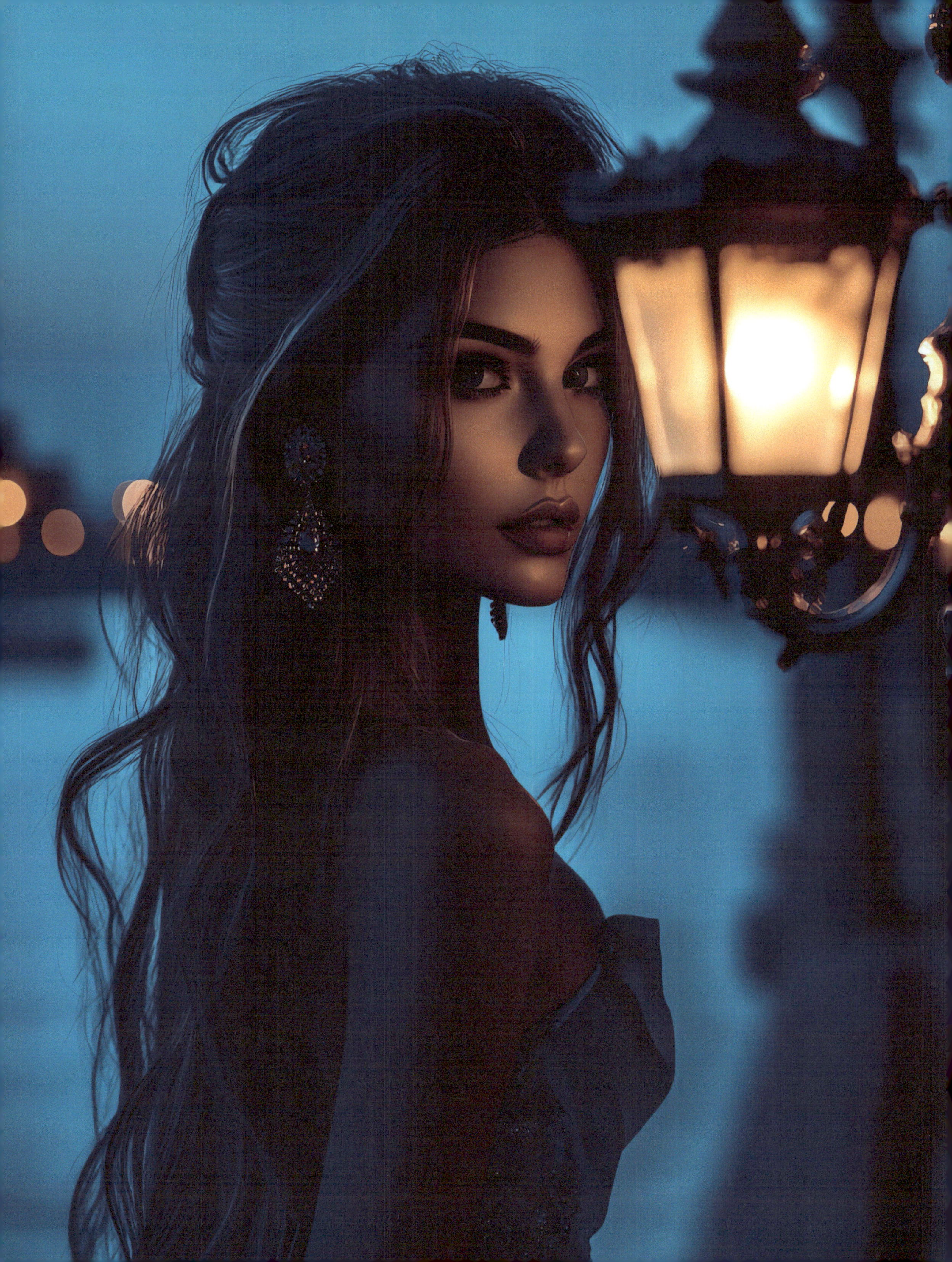

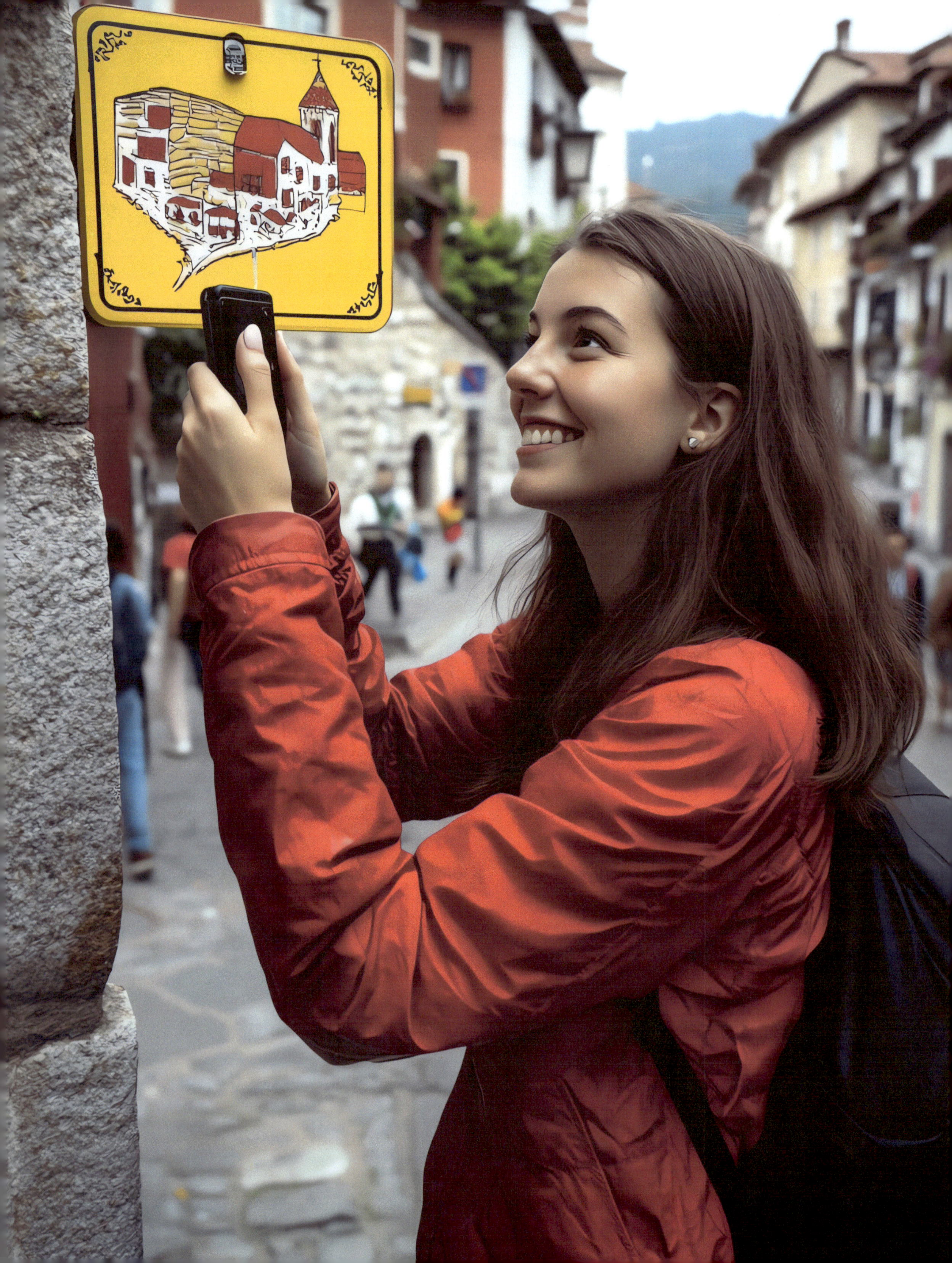

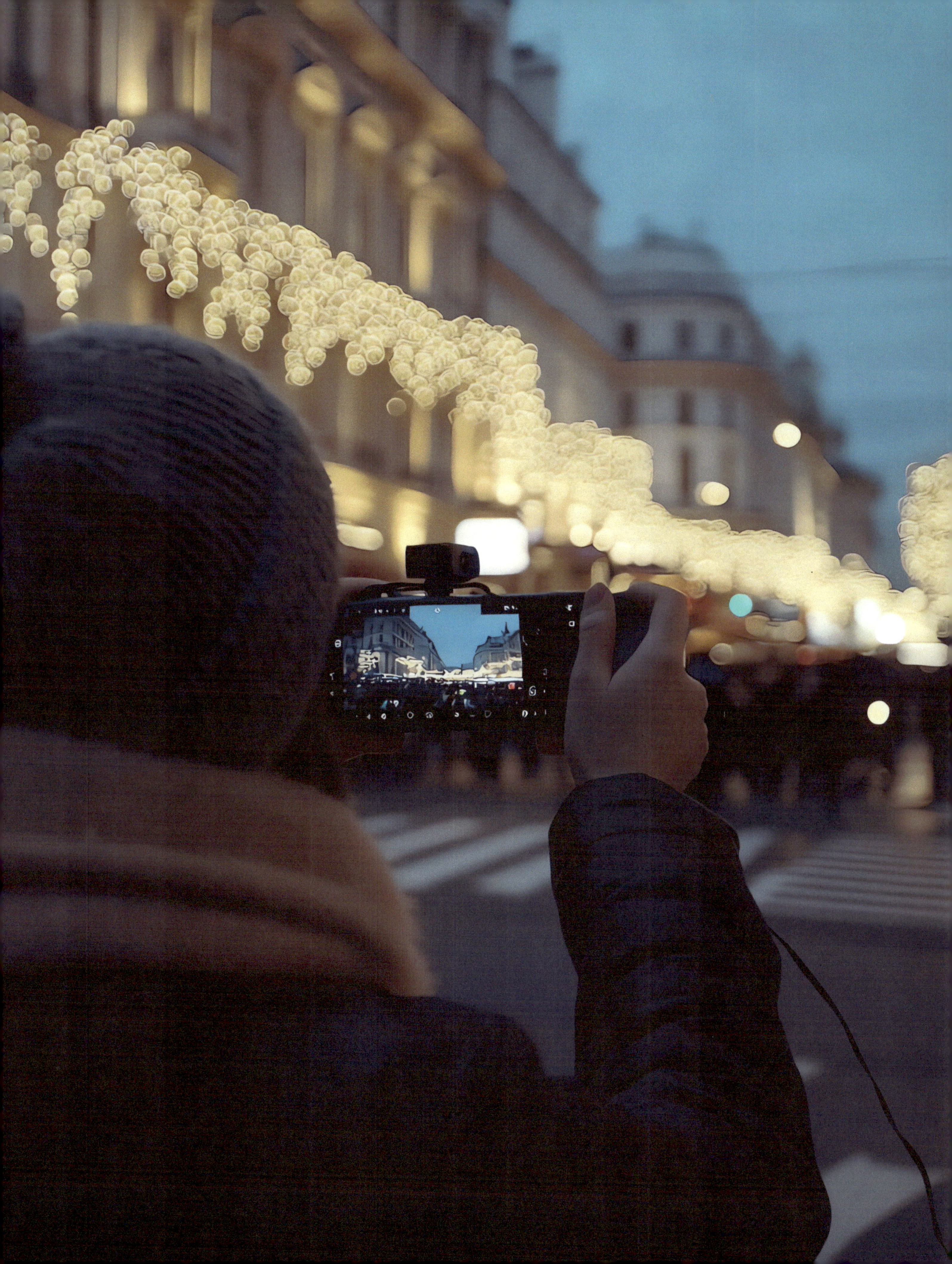

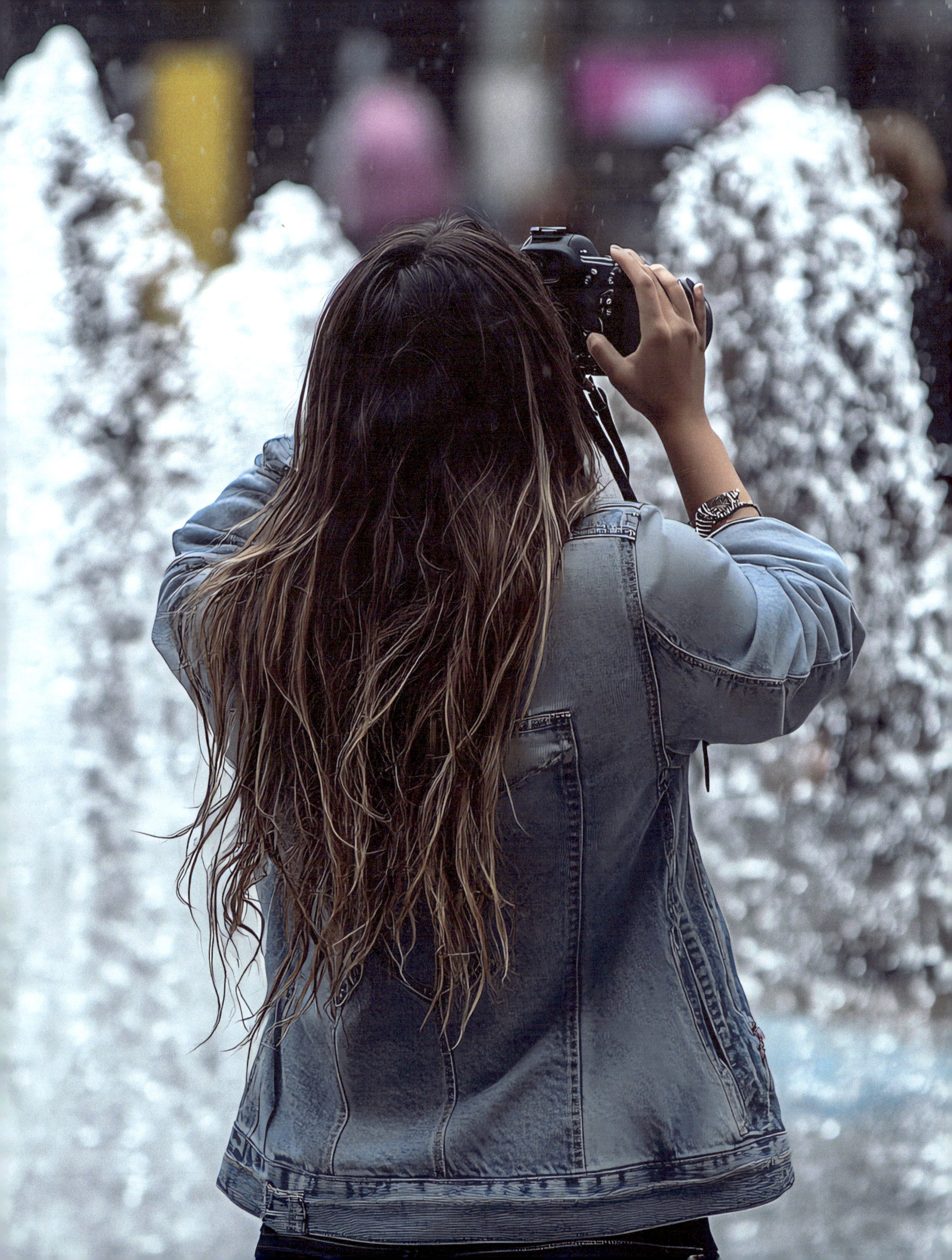

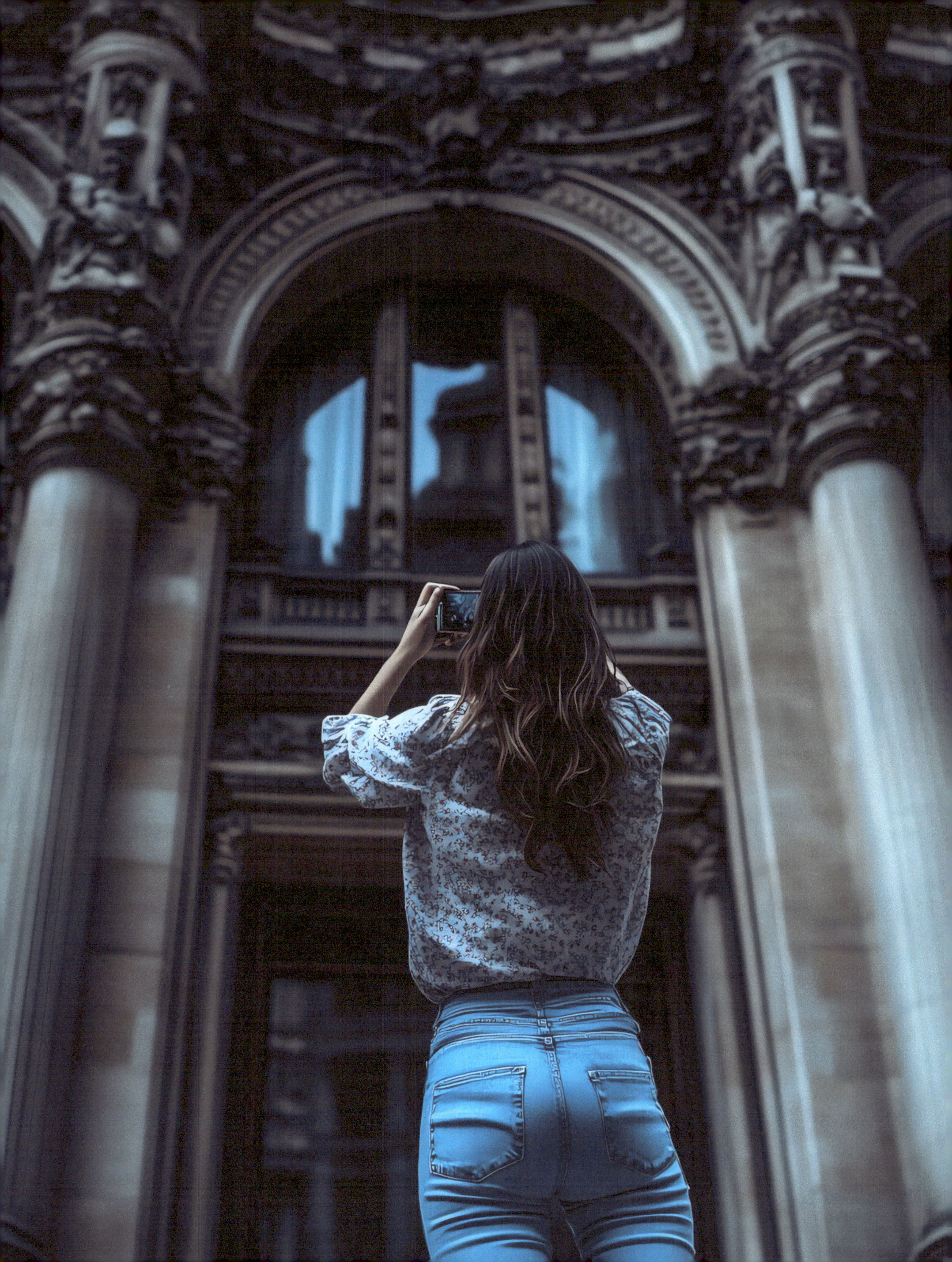

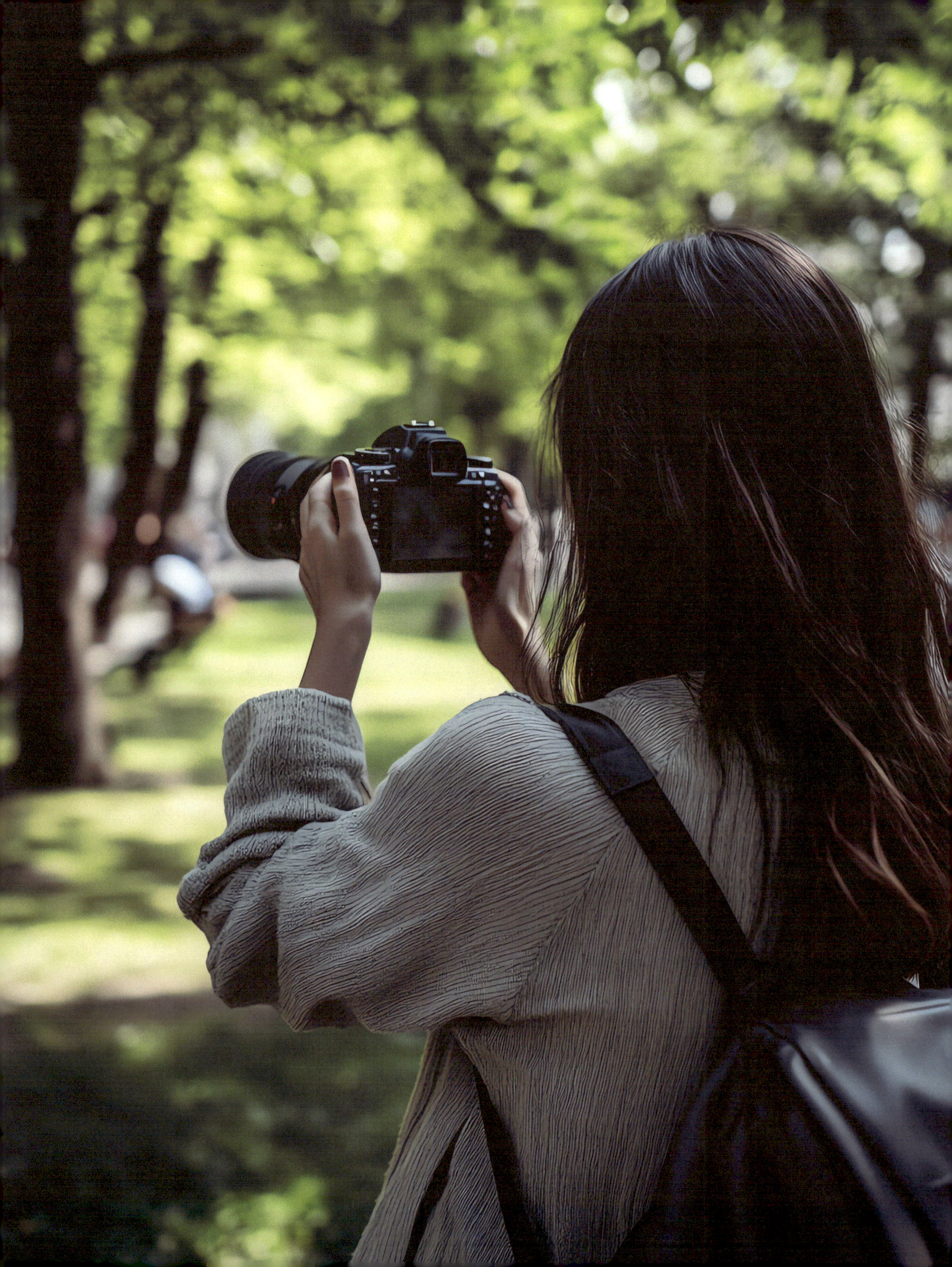

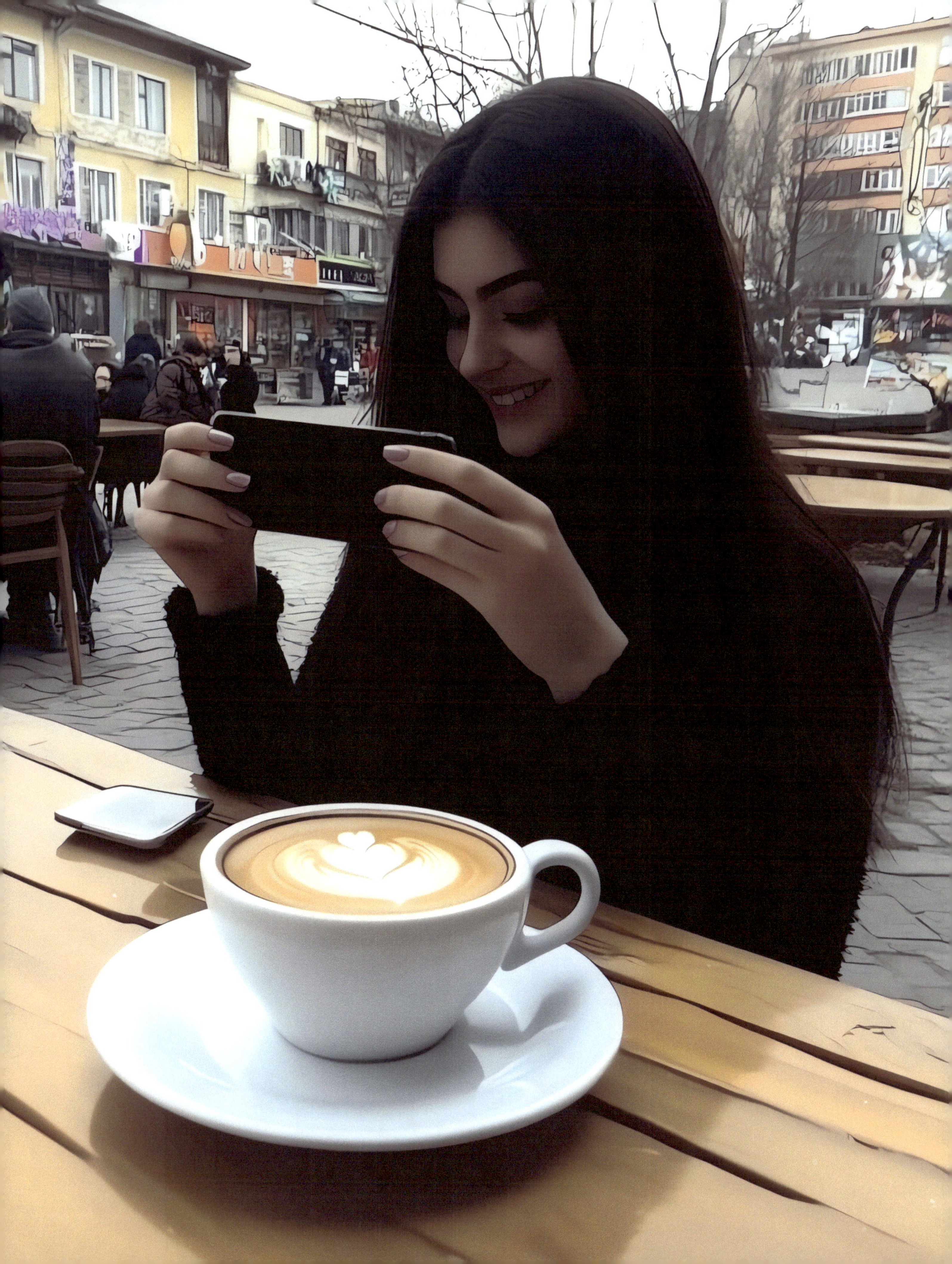

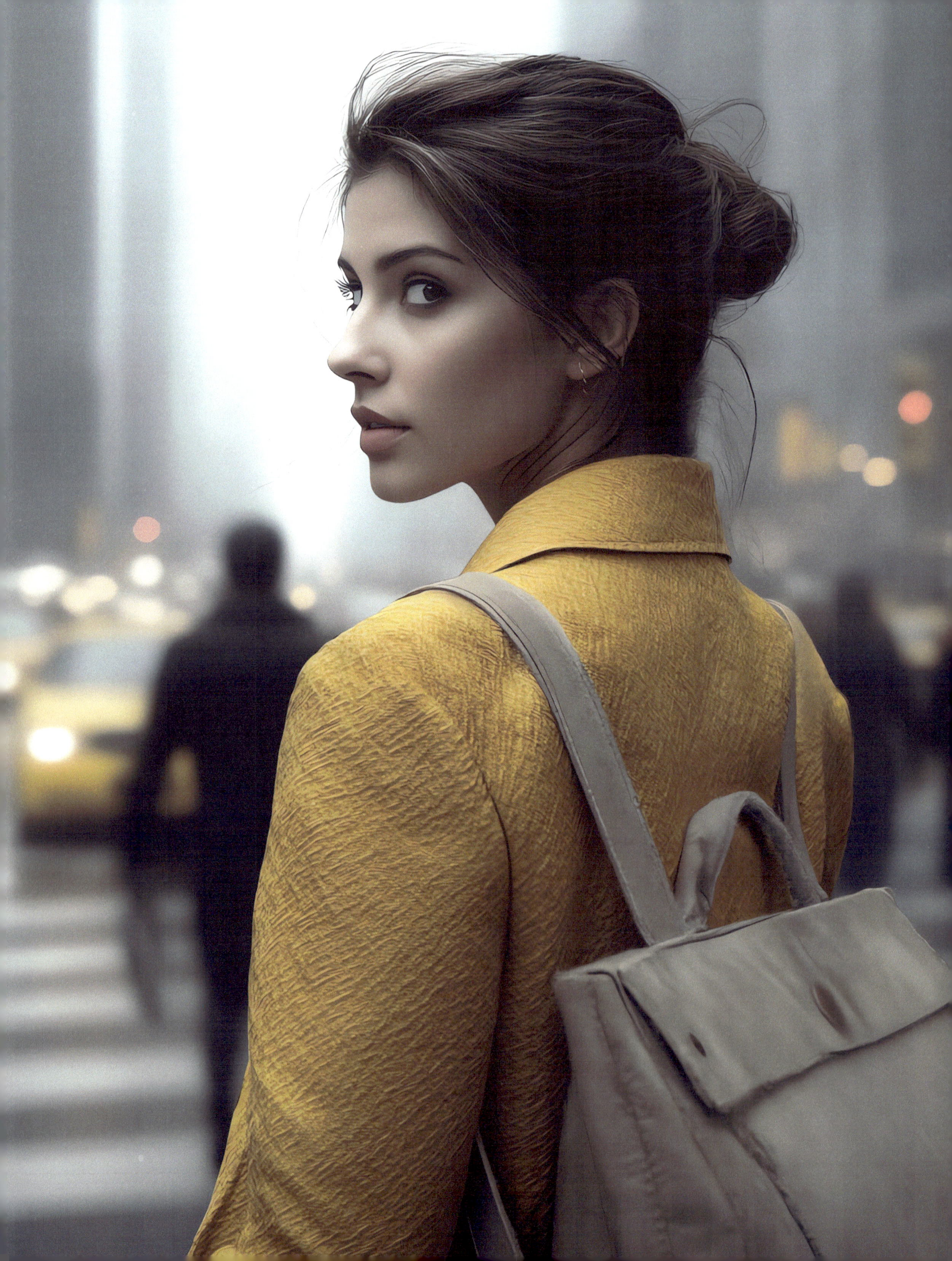

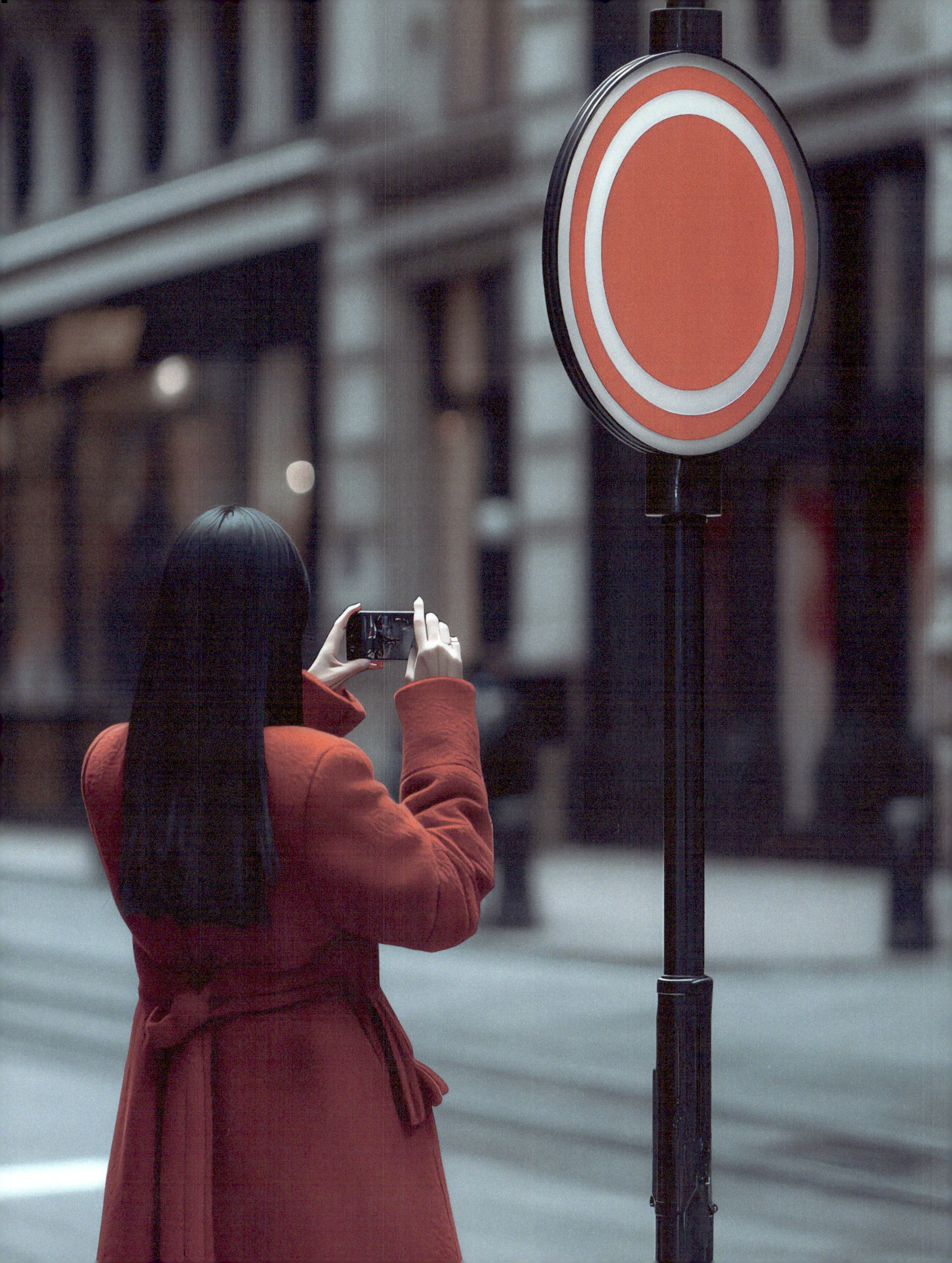

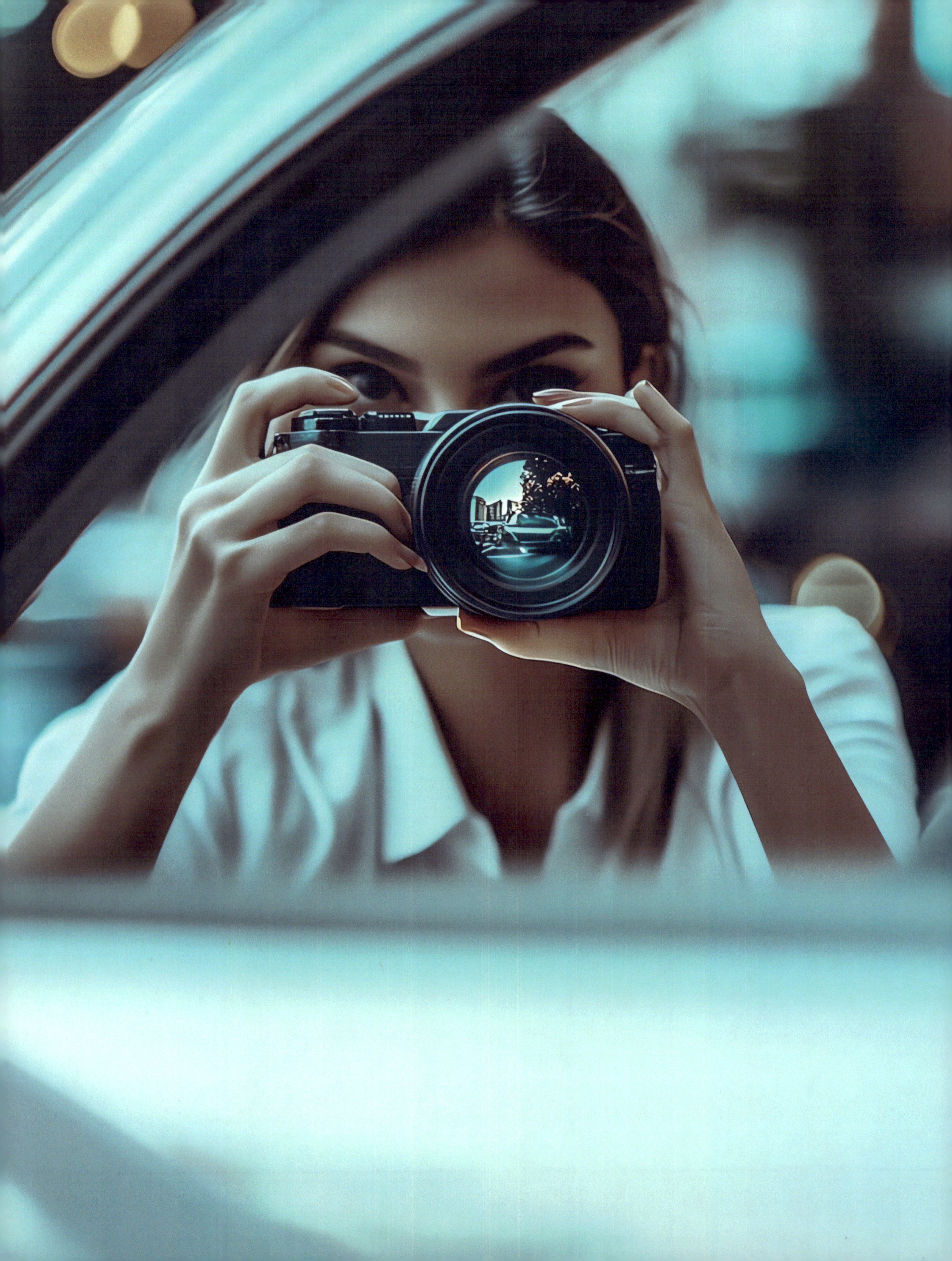

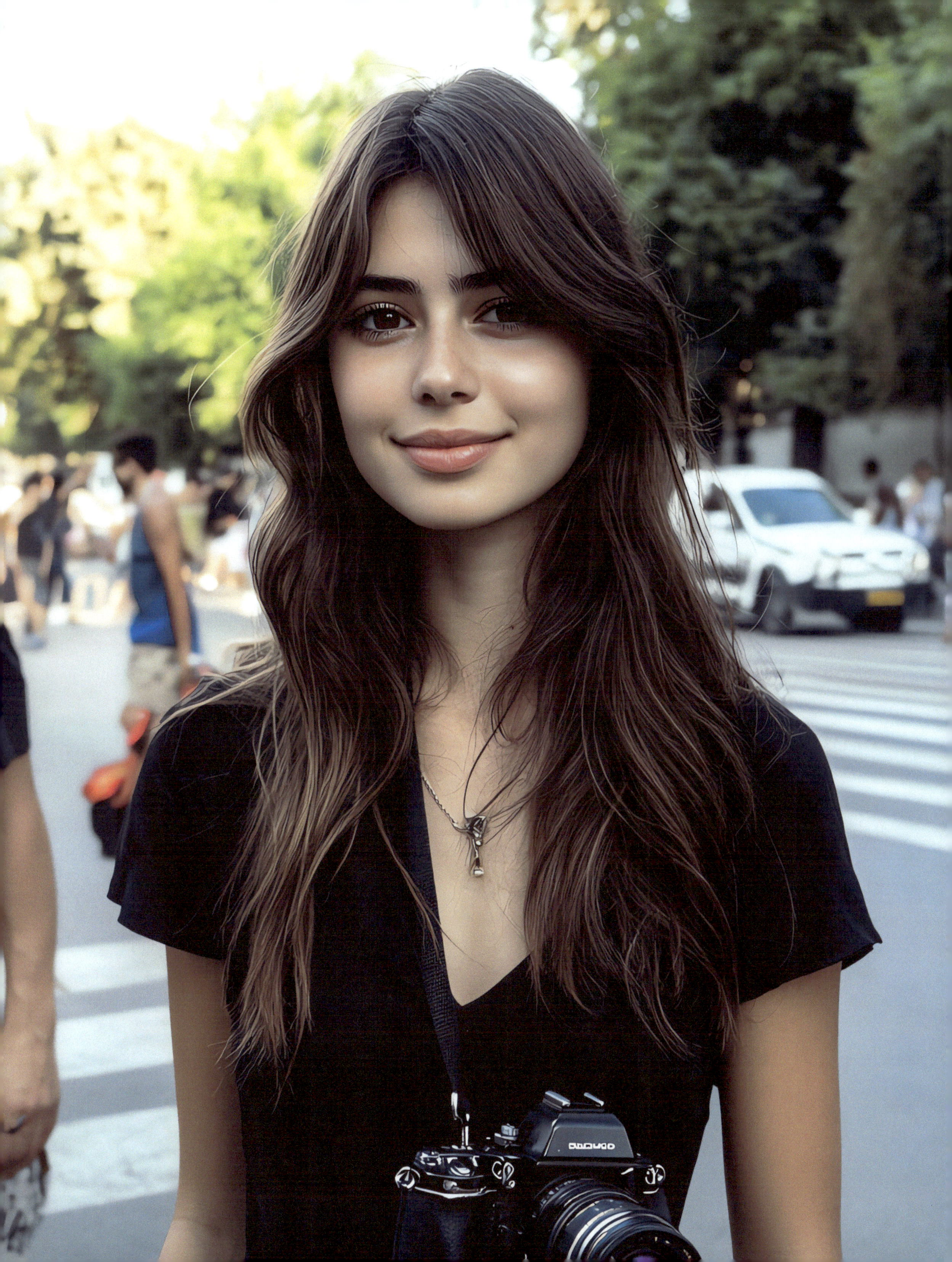

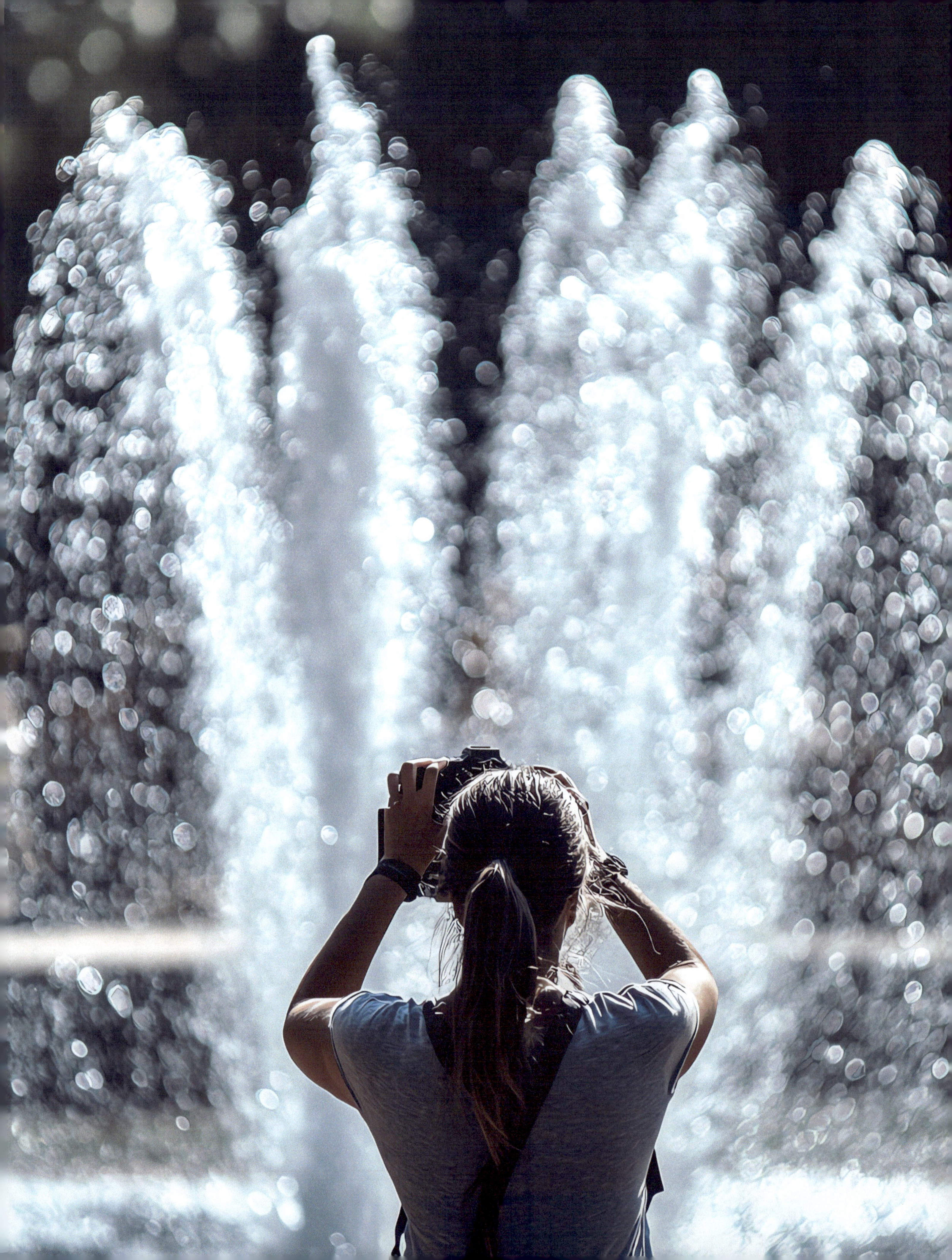

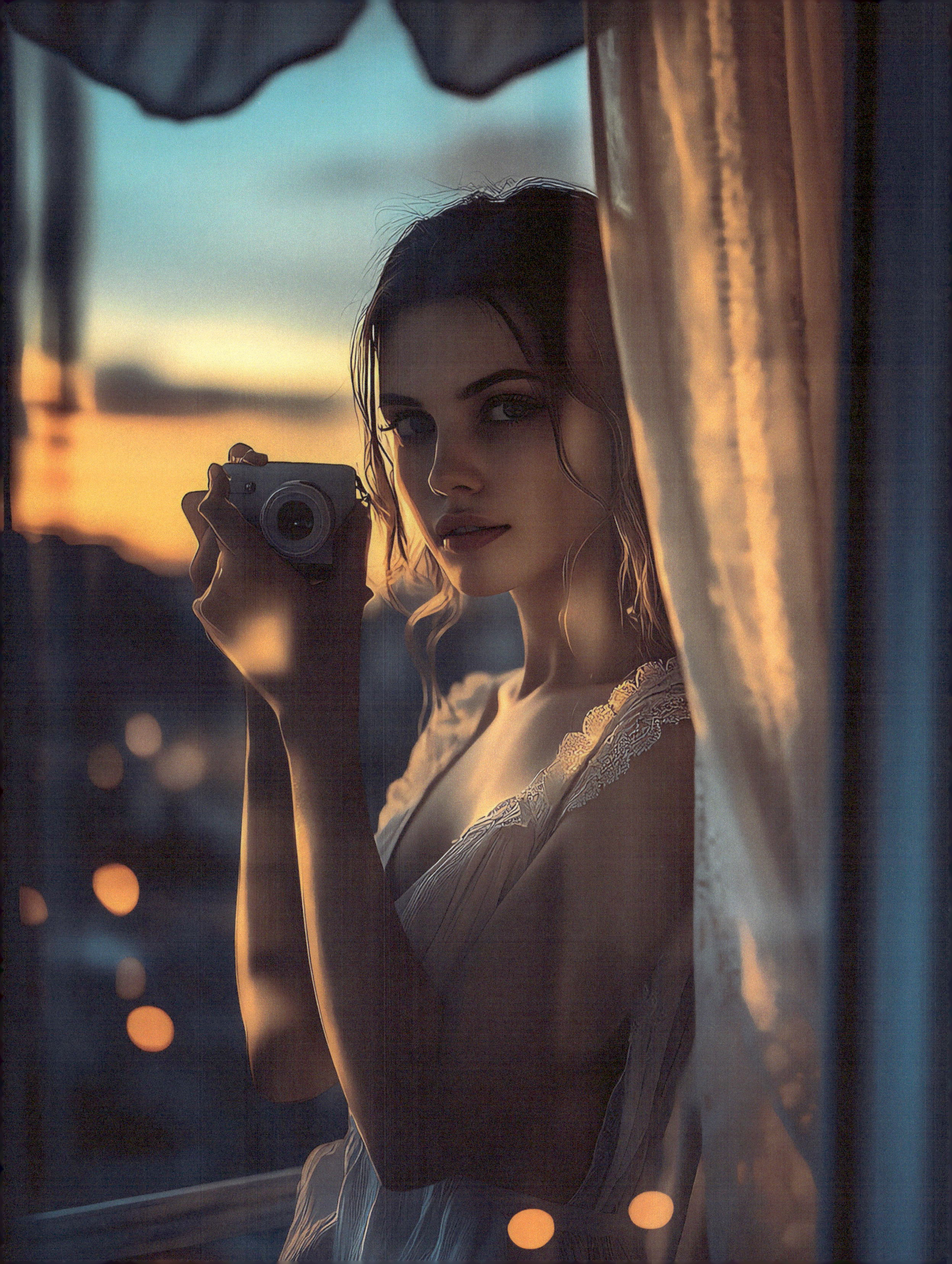

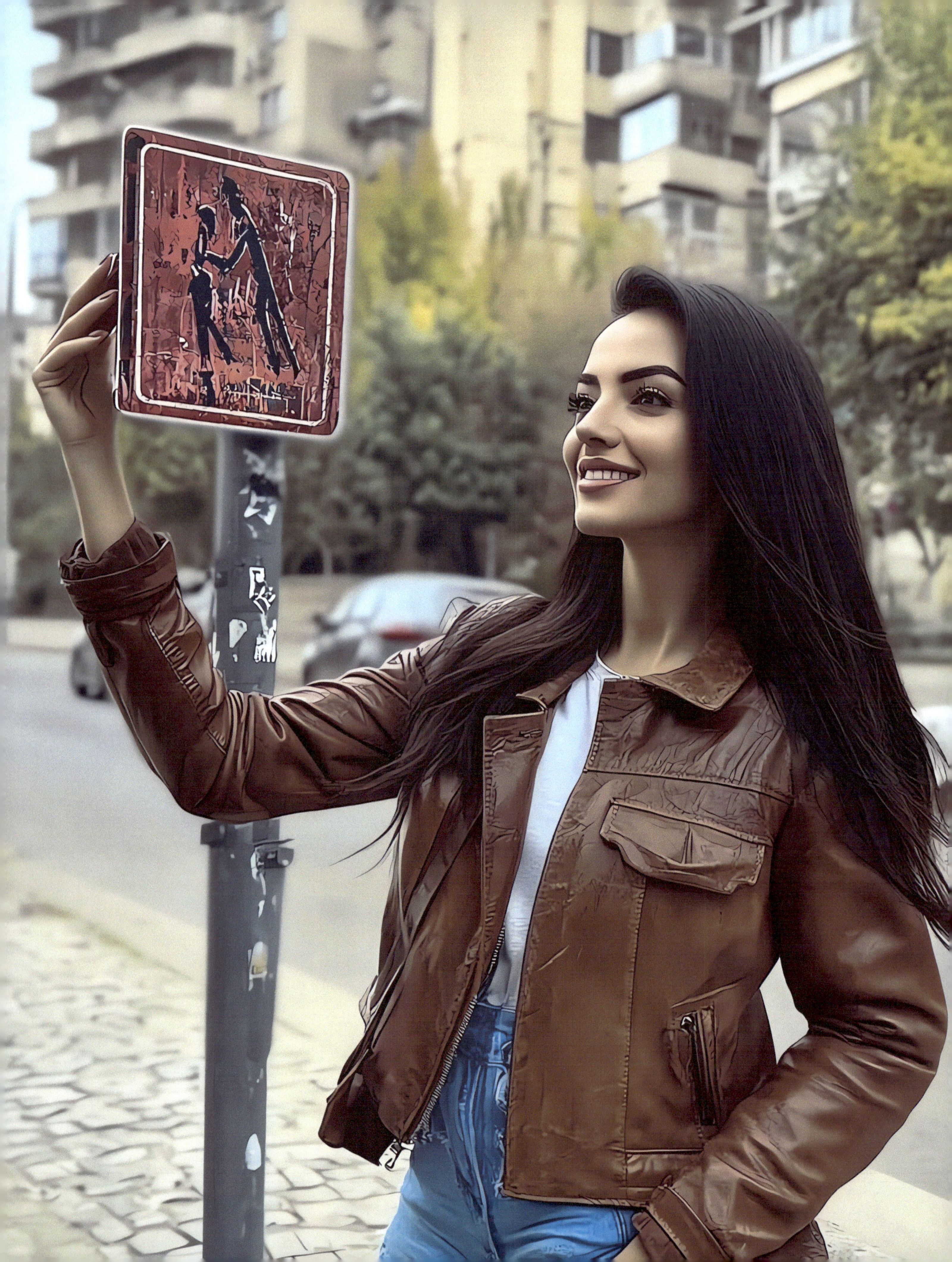

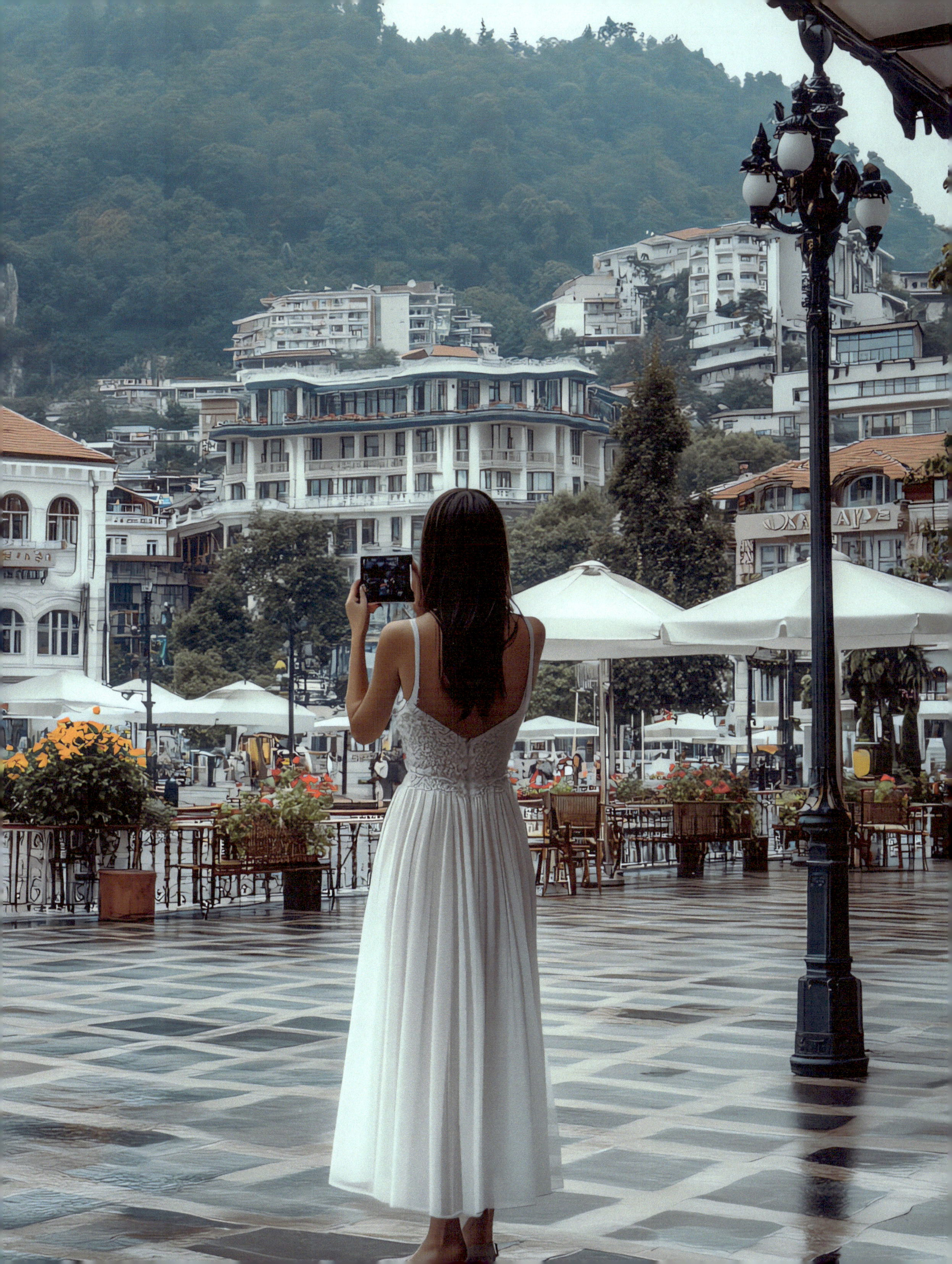

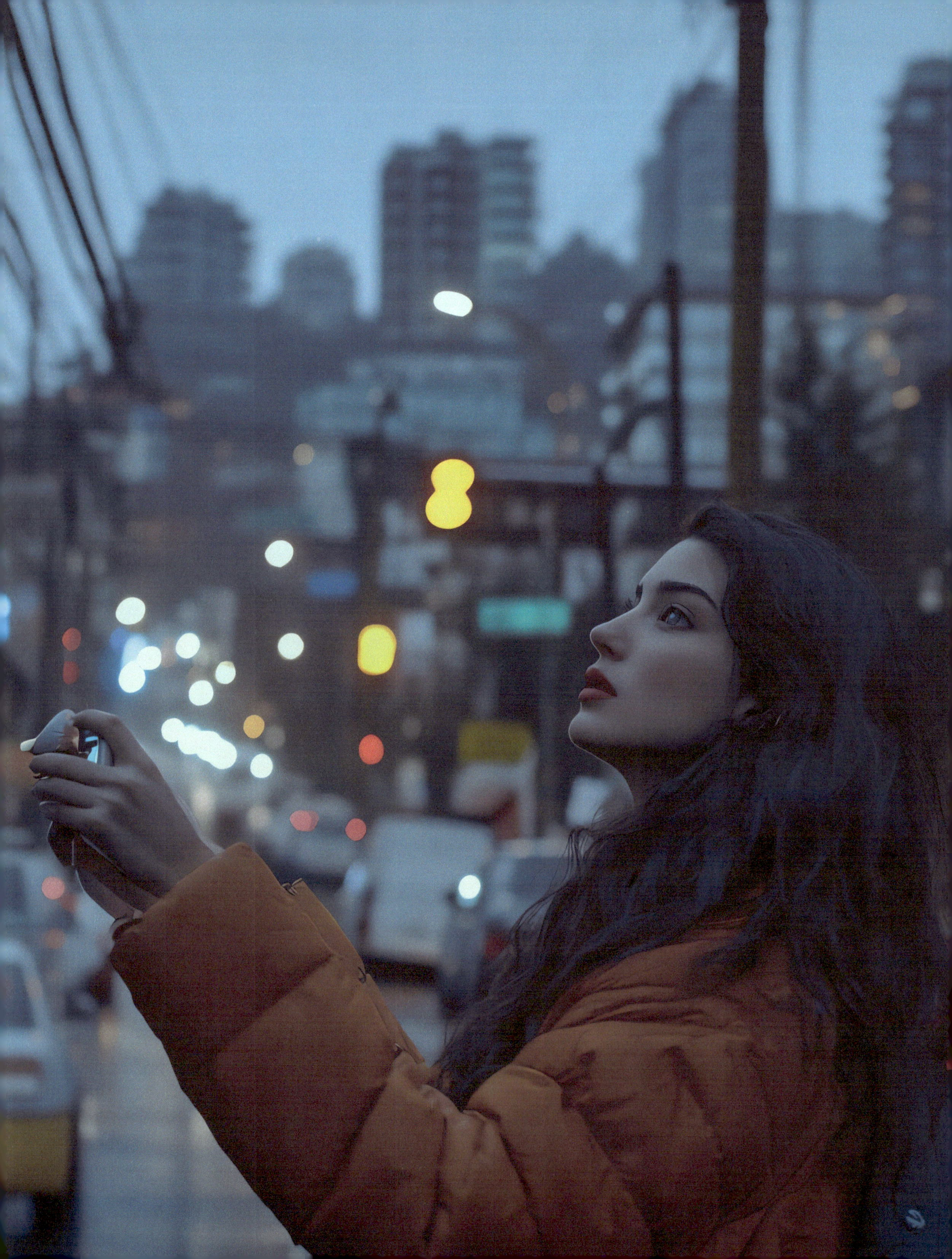

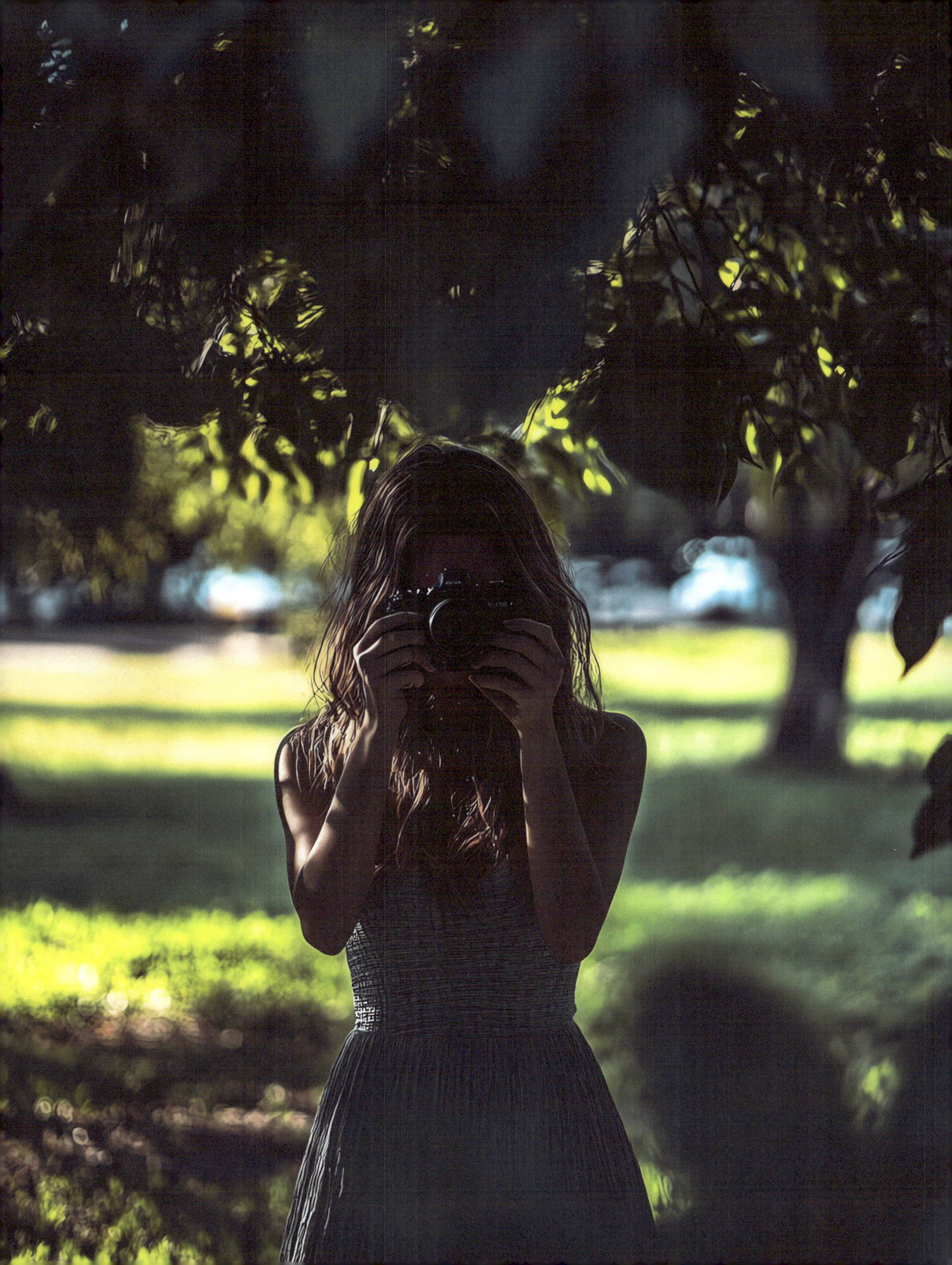

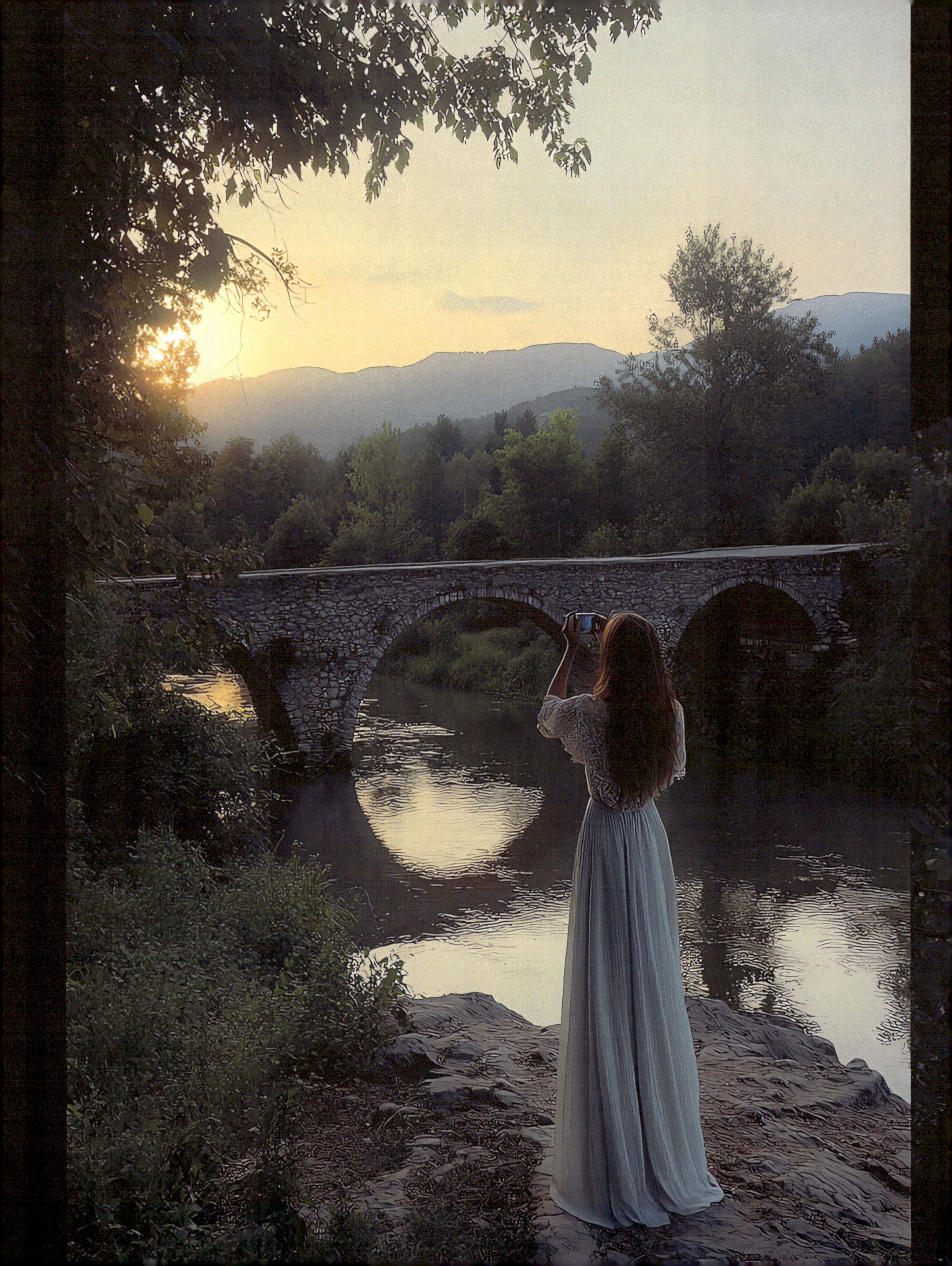

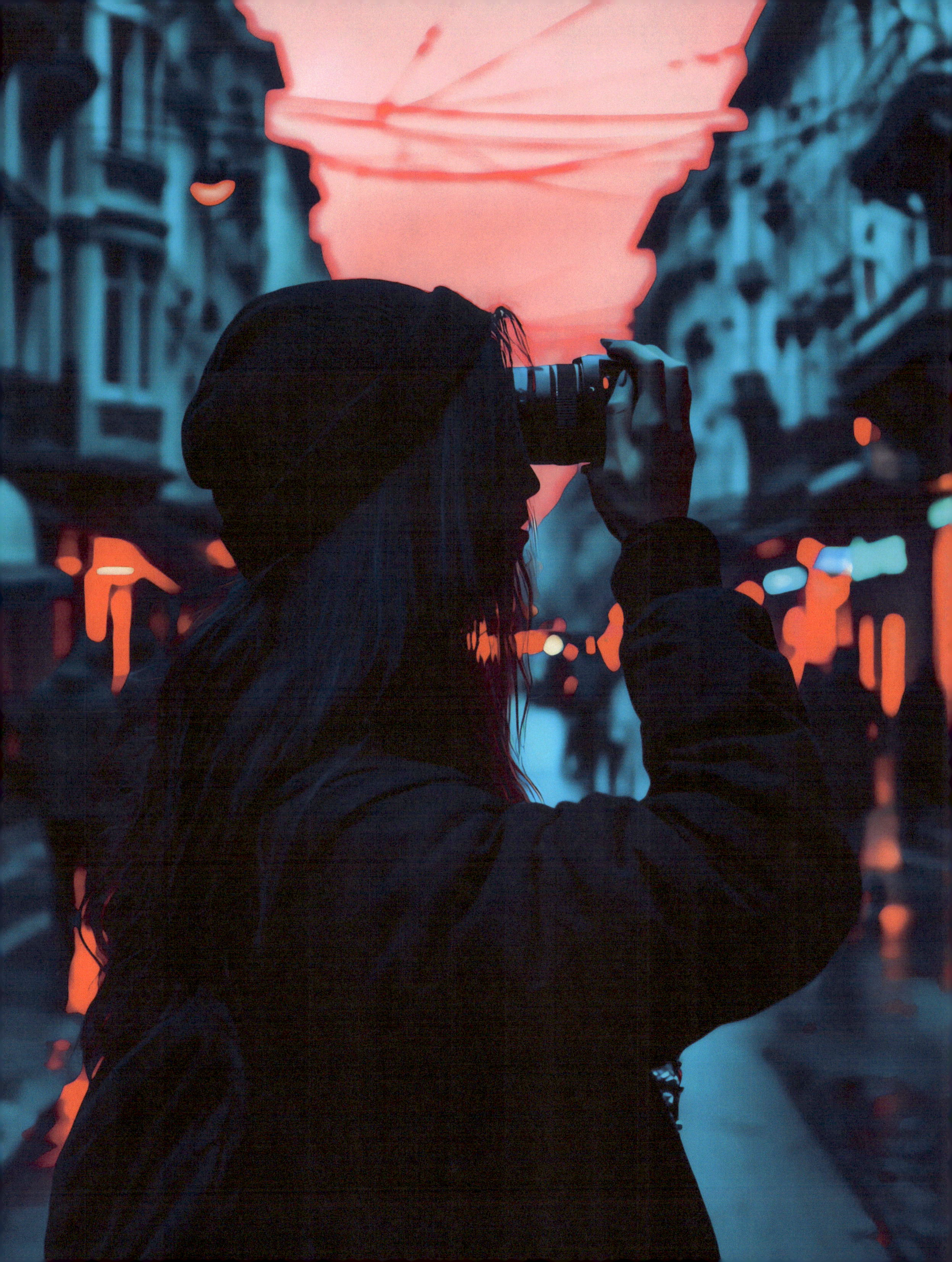

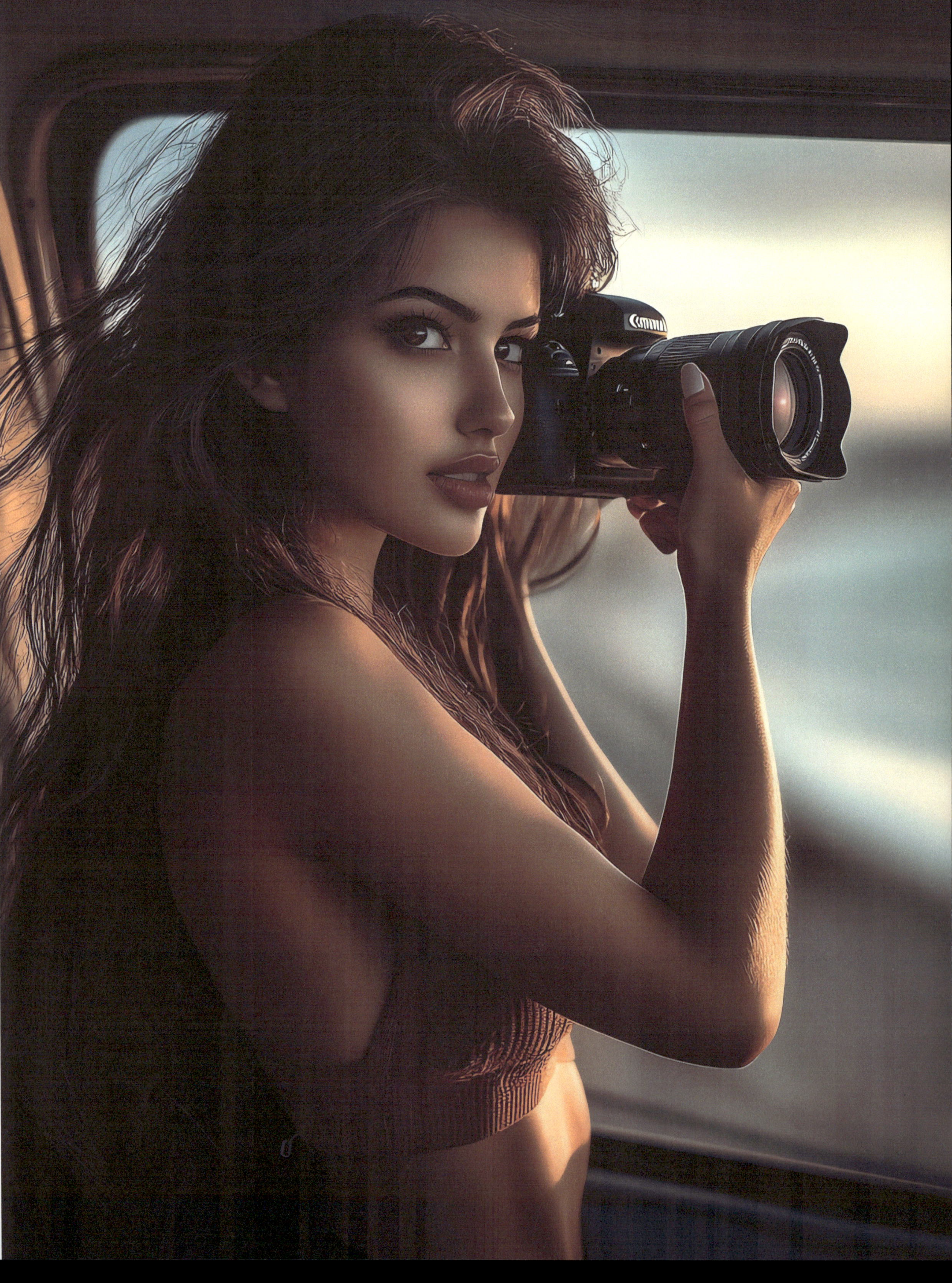

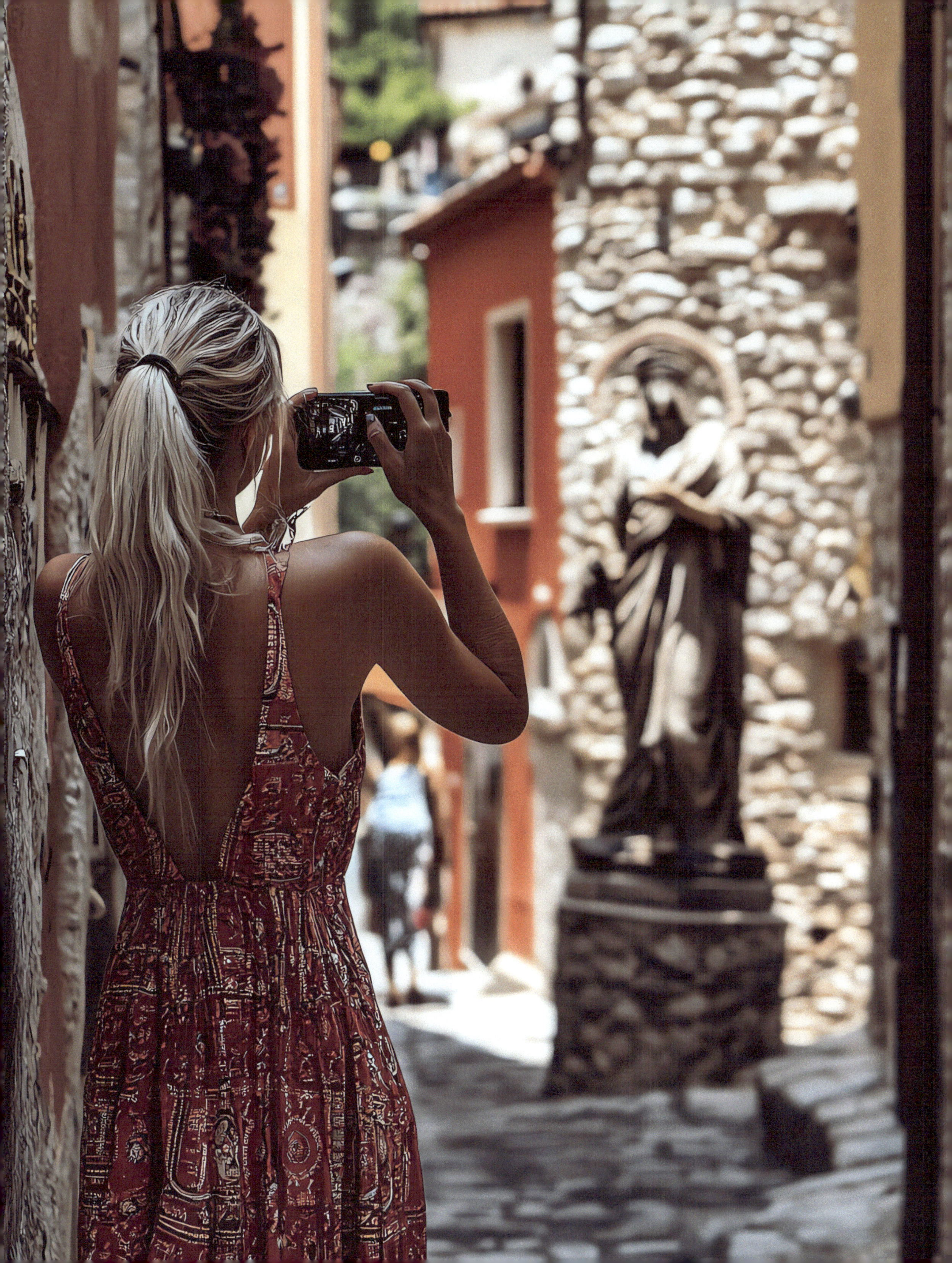

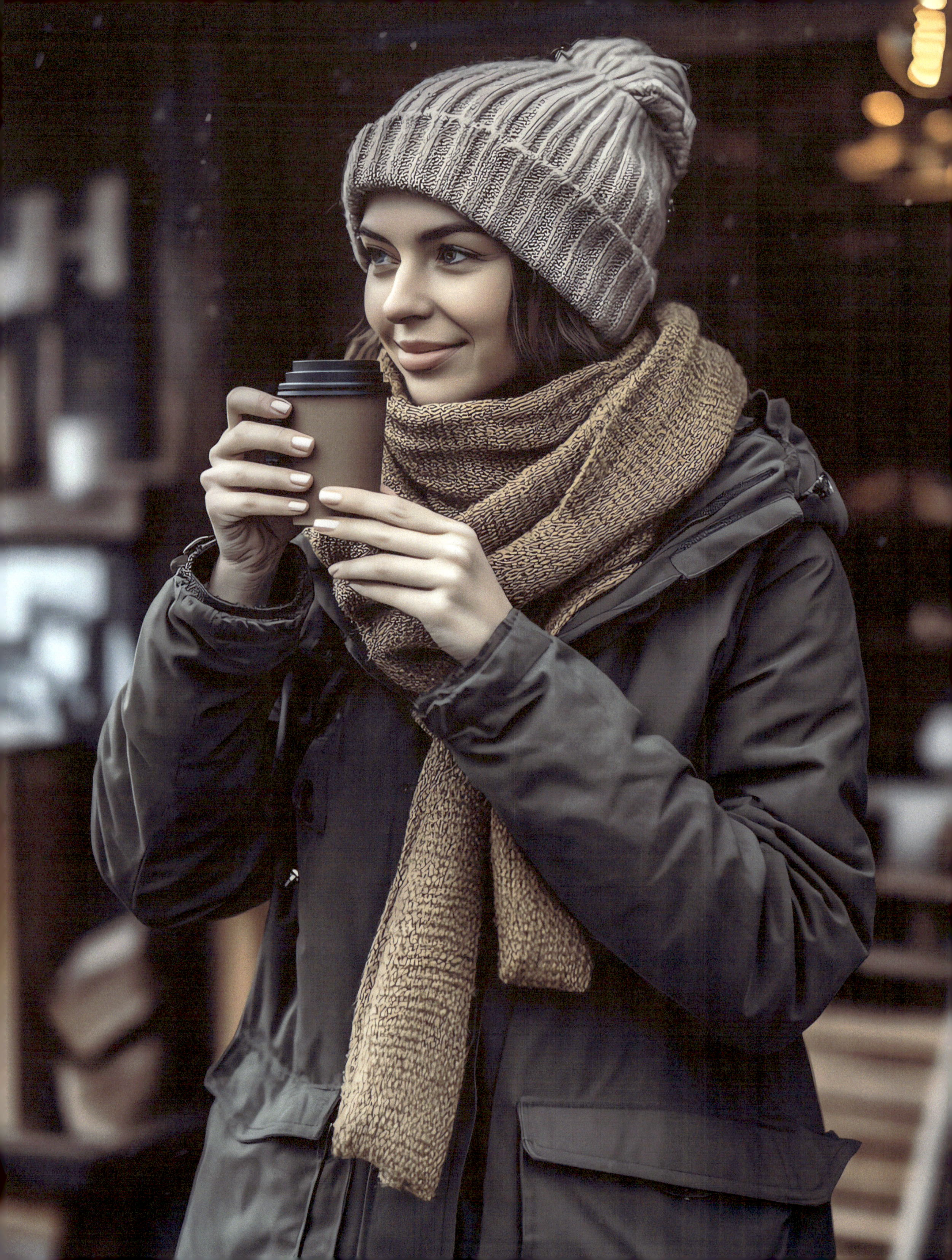